JN163756

マエストロ・バッティストーニの　ぼくたちのクラシック音楽

Andrea Battistoni
NON È MUSICA PER VECCHI

© 2012-2017 Rizzoli Libri S.p.A. / Rizzoli, Milan

Photo © Andrea Battistoni, Takafumi Ueno / Tokyo Philharmonic Orchestra, Hiroko Kato

Japanese translation rights arranged with Rizzoli Libri S.p.A. / Rizzoli, Milan
through Japan UNI Agency, Inc., Tokyo

＊掲載写真は、著者バッティストーニ氏、東京フィルハーモニー交響楽団、監訳者・加藤浩子氏提供です。
＊QRコード、URLから聞ける音源はすべて原出版社からの提供によるものです。
音源に関しての権利と情報は音楽之友社にはありませんのでご注意ください。
※QRコードは、QRコードリーダー・アプリをスマートフォン・iPhone等にインストールしてご利用ください。
※QRコードを利用するのが難しい場合は、
http://www.ongakunotomo.co.jp/web_content/andrea_battistoni/index_special.html
のURLを直接ブラウザに入力してご利用ください。

目次

日本の読者の皆さんへ

日本は「音の国」です。

この特別な島を訪れたひとはみな、そのことに気づきます。ビジネスマンやウェイターの丁寧で儀式のような挨拶、いろいろな機械や自動販売機から流れてくるメロディ、客引きのためにあたりかまわず流されている音楽、小さなラーメン屋に響く麺やスープをすする音、居酒屋での乾杯のグラスの音に混じる笑い声、地下鉄の駅で発車を知らせるベルの音や地下道に流れるメロディ、神社の木々がそよぐ音、東京の空に群れる真っ黒なカラスの鳴き声、神社の賽銭箱の上に下がる、神々の眠りを覚ます鈴の音……。日本語の母音はよく響き、音楽的です。その母音は感動や感情、そして可能な限りの表現できるものを求めて、とめどなく宙をさまようのです。

これほど音にあふれている国が、ヨーロッパのクラシック音楽に興味を持つのは当然です。とはいえ日本の聴衆は、クラシック音楽のどのような部分に惹かれているのか、ずっと考えてきました。もちろん、クラシック音楽のコンサートは、知識欲を満たしてくれる重要な機会であり、高尚な趣味でもあるのですが。

けれど、それだけではありません。日本的な感性と、音による芸術が言葉に頼らないで表現できることとの間には、何かしらの共通項があるはずです。

日本人が桜の開花をみんなで愛でることを好むのはよい例ですが、自然の色彩の美しさを愉しむことと、交響曲あるいは室内楽を聴くという行為には、通じるものがあります。花びらがだんだんと開き、木の上のほうから色づき、ゆっくりと舞いながら散っていく……。そんな、桜の花がほころぶ美しさを愛でたり、自分も自然の一部だと感じることは、人間の存在のはかなさや、この世界とは別の次元に目を向けることです。

それと同じように、音楽を聴くことは、単なる知的な暇つぶしではありません。それは、音や振動で表現された深い感情の世界、ひとの内面において、人生そのものの意味を突き動かし、共感を誘うその世界を感じることなのです。

音楽において、命は、永遠に続く鏡像の戯れです。ひとつの音が生まれ、鳴り響きながら発展し、そして消えていく。そこには、人の一生が、濃縮されたかたちで暗示されています。音楽は、このような「音」を組み合わせることで、人の気持ちや痛みや喜びを語ります。音楽は、言葉、つまり明確な言語によって支えられていないからこそ、私たち一人ひとりが解釈を深めていかなければならないのです。

日本でコンサートを開くということは、ヨーロッパの伝統から生まれた偉大な音楽を、集中力があり、よく勉強していて、至福の喜びを追求している聴衆に届けることです。公演後、オーケストラの定期会員のメンバーや音楽ファンの方々が、私を楽屋に訪ねてくれることもよくあります。ひとしきりの挨拶や激励のあと、私の解釈について明確な理由を尋ねられ、熱い議論が交わされることも珍しくありません。日本の聴衆が慣れ親しんできた伝統的な解釈が、私が示した新しい音楽的な解釈とどこで交わるのでしょうか。幸運なことに、これが絶対だという正しい解釈など存在しません。それでも演奏家は、自分にとっての正しい解釈を追求し続けなければならないのです。

日本人がオペラを好む理由は、物語を語る方法やドラマへの関心を見れば明らかです。私は東京の歌舞伎座で、演劇のもうひとつの可能性を目撃しました。日本の歌舞伎とヨーロッパのオペラという表現形式は、ドラマティックなニュアンスに彩られていることで共通しています。自害や争い、愛の苦悩、亡霊や幽霊、魑魅魍魎は、どちらにもお決まりです。そして、オペラ同様歌舞伎にも、笑いの絶えない喜劇から、非現実的な内容の形式ばった演目まで、多様なジャンルが存在します。

オペラと歌舞伎は、観客の目を釘付けにする瞬間を重んじる点で、とても似通っています。歌劇場の天井桟敷席を埋める観客が、完璧な高音や見事なアジリタを待ち構えているように、歌舞伎では、見得の瞬間や、細部まで気を配られた振り付け、憎しみや恐怖をまざまざと感じさせる目つき、流麗で美しい踊りに拍手が起こります。

声や仕草は、オペラと同じように歌舞伎でも、強い感情の動きと結びついていました。それを見つめながら、私は、この世界では人類はみな兄弟だと感じたのでした。

コンサートの準備をする日本のオーケストラ団員や歌手たちの表情には、確信とプライドがみなぎっています。私が首席指揮者を務める東京フィルハーモニー交響楽団は、共演のたびに全力投球で演奏に臨み、音楽をする喜びを再発見させてくれます。リハーサルであっても素晴らしい集中力と献身ぶりを発揮して、聴衆を前にしているようにエネルギーを出し切るのです。

終演後、無限の愛情で苦労をねぎらってくれる日本の聴衆のみなさん。傍観者にとどまらず、傑作を再創造するという魔法の舞台の主役を引き立てる共演者のように感じてくれている、日本の聴衆のみなさん。

どんなアーティストでも、自分の演奏に耳を傾けてくれている、価値を見出そうとしてくれていると思わずにはいられない、音と芸術の国。日本を訪れるたびに、私は、我が家に帰ってきたように感じるのです。

アンドレア・バッティストーニ

2013年、東京フィルの定期演奏会に初登場した時の椿山荘でのスナップ　ⓒ 加藤浩子

前奏曲

「アイーダ」（訳注1）に先導されて、階段を下りる。とても暑い夜。背後には、ランタンのような明かりがともっている。

階段を下り切ると、古い壁に囲まれた地下聖堂《クリプタ》風の空間が広がった。ドーム型の天井に、湿気と、何世紀にもわたる時の流れが刻まれている。

彼らは僕に、待っているように合図する。ざわめきの気配。僕をここへ連れてきたひとたちの間に、かすかな興奮が広がる。サロンのような、真っ暗な部屋の前で待つように言われる。

僕に素早く微笑みかけながら、彼らが次々と部屋に入っていく。ワクワクしてきた。「ラ・トラヴィアータ（椿姫）」は、さっと僕の手を握る。「イル・トロヴァトーレ」とも握手をしたが、彼はすぐに闇のなかにいる仲間たちを追って行ってしまった。

◇　◆　◇　◆　◇　◆　◇　◆　◇　◆

地下聖堂の前に、ひとり、ぽつんと残される。入り口の向こうで、人々の息遣いやごそごそと動く気配がしている。

音楽が始まった。すでに僕の一部となってしまったように感じられるほど、なじみのある音楽だ。弦楽器がかすかにざわめく。荒涼とした砂漠のただなかにとつぜん鳴りわたる、遠くから響いてくる小太鼓の連打音のようだ。オーケストラが激昂し、永遠に変わらないバビロンの神像の横顔のように恐ろしげなフォルティッシモの一撃を轟かせる。わかってはいるけれど、いつもどきっとしてしまう瞬間だ。

暗闇から、僕を呼ぶ声がする。「さあ、どうぞ、こちらへ」

一歩踏み出すと、僕ももう闇のなかにいる。レンガ造りの天井、壁に沿って並ぶどっしりした椅子、絵画、サロンの中央に置かれた細長いテーブルなどがかろうじて見分けられる。僕の真向かいには、二十七人の人影。背丈も顔つきもさまざまだが、音楽を呼吸するひとつの有機体のように、みんなでひとつのメロディを歌っている。

「マエストロ、指揮をお願いします」と別の声が言う。でも僕は指揮したくないので、応えない。その時が来たら、目をつぶって歌いながら、彼らの声とひとつになるつもりだ。声はバラバラで、合唱のようにひとつにまとまることはない。ひとりひとりの声に個性があり、それぞれが、自分の好みのパッセージを強調する。彼らの体は、この不滅の歌のゆりかごのようなリズムに乗って、ゆっくりとたゆたう。目がサロンの闇に慣れるにつれて、歌い手たちの目を見分けられるようになってくる。いつものことだが、音楽の力で潤んだ目を。

合唱は、魔法のように宙を舞うひとつの音でしめくくられる。その音は、期待と希望に満ちた空間の隅々まで行き渡り、始まった時と同じようにうっとりと消えていく。

とつぜん拍手が湧き起こる。静まり返った雰囲気を、やや乱暴に壊しながら。誰もがわかっていることだが、この拍手は僕に向けられたものでも、この会合を祝うためのものでもない。僕とこの謎めいた友人たちを、僕らが心の底から愛しているこの歌、オペラ《ナブッコ》第四幕の合唱、〈行け、わが想いよ、黄金の翼に乗って〉の作曲者であるジュゼッペ・ヴェルディと結びつけている絆に向けられた拍手なのだ。

パッと明かりがつく。ぼんやりとしか見えなかったものが、くっきりと照らし出される。「27クラブ」のメンバーが、僕と熱い握手を交わそうと押し寄せてきた。

その夜、僕は彼らの「教会の内陣」に招かれて、ともにジュゼッペ・ヴェルディの音楽

◇　◆　◇　◆　◇　◆　◇　◆　◇　◆

を讃えた。彼らからの招待は、僕がブッセートの小さな劇場でヴェルディのオペラ《アッティラ》を指揮した晩、不意に届いた。

終演後の楽屋で、演奏会用のズボンを脱いだままだった僕は、不意にドアをノックされ、驚いて飛び上がった。

「ちょっと待って！」と大声をあげ、人前に出ても恥ずかしくないようになんとか身なりを整えてから、ドアを開ける。

目の前に、メフィストフェレスのような雰囲気をかすかに漂わせた背の高い紳士が、微笑を浮かべて立っていた。「はじめまして、『アイーダ』です」。僕の手を取り、自己紹介する。

ぎこちない微笑みを浮かべ、差し出された手を握る。とまどいながらも、「アイーダ」の連れたちを楽屋へ招き入れる。「はじめまして。『レクイエム』です」。「はじめまして。『アルツィーラ』です」。最後に入ってきた男性は、いかにも誇らしげだった。「はじめまして、『アッティラ』です！どうもありがとう、マエストロ！」たしかにこの晩の公演は、彼の栄誉を讃えるものだった……。

一九五八年にパルマで創設された「27クラブ」という団体は、ジュゼッペ・ヴェルディという人物やその音楽に傾倒している専門家や愛好家で構成されている団体です。会員は、パルマの音楽界のことはなんでも知っている生き字引のような人たちで、パルマの王立劇場で行われるすべてのオペラ公演に足を運びます。オーケストラの指揮者が出会う聴衆のなかでも、もっとも口うるさい部類に属している人たちです。

会員はそれぞれ、仲間うちでのニックネームとして、二十七作（訳注2）あるヴェルディのオペラ作品のタイトルを名乗っています。彼らは、クザーニ宮という建物の地下にある素晴らしい本部に集まり、音楽や演劇について議論するのです。厳《おごそ》かに会合を始めるにあたっては、いつも全員で、〈行け、わが想いよ、黄金の翼に乗って〉（訳注3）を歌います。また「27クラブ」は、パルマ市で、年間を通じて、音楽文化への愛を育むための多くの企画を推進しており、若い人たちを意識して、とくに学校での活動に重点を置いています。

私は、彼らに会う機会に何度か恵まれることができました。そして、二〇一〇年にブッセートの劇場で《アッティラ》を振ってヴェルディのオペラ・デビューを飾った時には、「27クラブ」から記念のプレートを贈呈されました。

私が衝撃を受けたのは、この人たちのあまりにも強いヴェルディとの絆でした。彼らは時代や流行り廃りに関係なく、この巨匠のオペラに限りない愛着を抱いています。彼が書いたひとつのパッセージがもたらす喜びや恍惚、恐怖や悲しみについて、ゆうに三十分は議論していられるのです。彼らの人生を感動に満ちたものにしているのは、ヴェルディが遺した音符です。ごく普通の五線紙に、この音符を書き記した天才に対する、ほとんど崇拝ともいえる尊敬の念なのです。

「27クラブ」のメンバーに会うたびに、そして彼らの果てしのない情熱に触れるたびに、オペラや交響曲と出会うチャンスにいまだ恵まれていないひとがどれほど多いことか、考えずにはいられません。

「クラシック音楽」という用語は、まったくもって不適切です。これでは、若い世代の聴衆に、拒絶反応に近いものを引き起こしてしまいます。彼らは何にでも興味を覚えるのに、「クラシック」と定義されるものには関心を示さないのです。「クラシック」という言葉には、博物館の匂いがまとわりついています。薄汚れた彫刻や、壊れかかったヴィーナスやシーザーがぞろぞろと並ぶ、延々と続く長い廊下。私自身、博物館を訪れても、そんなものにはほとんど目もくれません。

現代では、「クラシック」という言葉には、「二次的な」(訳注4)という意味もあります。

そして若者は、古く感じられるものより新しいと思うものを追い求めるものです。けれど彼らが何より求めているのは、感動することです。自分たちのことを、自分たちの渇望を、闘いを、欲望を語ってくれる音楽に心を奪われたいと願っているのです。

心を熱狂させ、ワクワクさせてくれることがあふれている今のこの時代に、聴衆といえばほんの一握りの年金生活者と、音楽院に通うほんの一握りの「オタク」ばかりの「クラシック」音楽が、若い世代に、インターネットの申し子たちに、何かを語りかけることができるでしょうか？

答えは「できる！」

そう、私は世界に向かって叫びたいのです。「できる！」と。

私は、あなたたちみんなに向かって語りたいのです。だから、「クラシック音楽なんて趣味じゃない！」と決めつけて、この本を閉じたりしないでください。私だって、家の壁には有名なロックスターのAC／DCや、ギタリストのフランク・ザッパのポスターを貼っていたのですから。でも同時に、机の上にはベートーヴェンの胸像を置いていました。中学校で習ったリコーダーのことは、ここでは忘れてください。あれは、この本が取り上げようとしている音楽とは別物です。音楽の教科書に載っていた、上から目線のバッハやハイドンの真面目くさった肖像画のことは、ここでは忘れてください。

なぜ私のような変わり者（実は、けっこういるんです）は、何世紀も前に死んだひとたちの作品を勉強することに、人生を捧げようとするのでしょう？

なぜ私たちは、人生をクラシック音楽に捧げたいという願望にとりつかれて、クラシック音楽に将来を賭けるのでしょう？

私は、オーケストラの音がなくては、オペラへの情熱がなくては生きていけません。これから、その理由を説明しようと思います。音楽の授業をするつもりはありません。私が語りたい音楽は、退屈とは無縁なのですから。

（1）アイーダ：ジュゼッペ・ヴェルディ（1813－1901）が作曲したオペラ。本文11ページで触れられているように、「27クラブ」のメンバーのひとりのニックネームでもある。このページにある「ラ・トラヴィアータ（椿姫）」、「イル・トロヴァトーレ」なども同様。

（2）二十七作：ヴェルディのオペラの数は二十六作（改作などを除く）だが、「27クラブ」の会員数は、それに《レクイエム》を加えた二十七名となっている。

（3）〈行け、わが想いよ、黄金の翼に乗って〉：九ページで説明されているように、ヴェルディのオペラ《ナブッコ》第四幕で歌われる合唱。《ナブッコ》は、旧約聖書にあるヘブライ人の「バビロン虜囚」のエピソードに基づいた物語で、〈行け、わが想いよ〉は、暴君ナブッコによってバビロンに連行されたヘブライ人たちが、望郷の想いを歌う合唱である。オペラ《ナブッコ》、とくにこの合唱は、十九世紀半ばの祖国統一運動（リソルジメント）の時に大きな役割を果たしたという伝説があり（ただし最近の研究では、その信憑性はきわめて疑わしい）、おそらくその伝説のせいもあって、イタリア人にとっては「第二の国歌」と呼ばれるほどなじみのある曲である。

（4）クラシック：「クラシック」という言葉は、本来なら「古代ギリシャ・ローマの」あるいは「古典の」といった意味だが、昨今では「二次的」、「補助的」あるいは「付帯的」という意味で使われる場合もある。

第一章　オーケストラとの出会い

◇　◆　◇　◆　◇　◆　◇　◆　◇　◆

オーケストラのいろいろな楽器が一斉に音を出しているのを最初に間近で体感したのは、初めてオーケストラのなかに入って演奏した時だ。僕は当時十四、五歳で、生まれ故郷のヴェローナの音楽院でまだチェロを学んでいたが、本当のところ、音楽の勉強にはうんざりしていた。

真面目に楽器に取り組んだ経験がある人なら、それをマスターするためには地道な努力を積み重ねなければならないことをご存じだろう。僕は幼少期のほとんどを、この大きな楽器にのしかかられるようにして座り、正しい音程で弾こうと苦闘して過ごした。だから、発表会やコンサートが迫っている時などに、うまく弾ける見込みがほとんどないにもかかわらず、曲の仕上がりに必要なパッセージを何時間も練習しなければならないフラストレーションは、身をもって体験している。

僕の心を捉えたのは、いつも音楽の詩的な側面だった。大作曲家の音符を通じて、自分を表現できることに魅了されていた。けれど、いったいどうしたら、なんとか音を出しているといった感じの僕の哀れなチェロが、インタヴュー記事や逸話を通して知った偉大な演奏家たちの朗々とした演奏のように、僕の魂の声を奏でることができるのだろうか。僕は、音楽の世界に自分の道を見つけることができず、挫けそうになっていた。

僕の悩みは、初めてオーケストラのリハーサルに参加した時に終わりを告げた。音楽院のオーケストラで弾くことになっていた上の学年のチェロ奏者が足りなくなり、急遽、合奏練習に呼ばれたのだ。僕はまだ低学年で、本来なら合奏には参加できないはずだった。ところが、学年末の演奏会が近づいているというのに、チェリストの人数が足りないことに焦った指揮者が、ひょっとしたら弾けるかもしれないと淡い期待を抱いて、僕たちの学年を駆り出したのだった。

オーケストラのリハーサルに参加するというのはどんなことなのか、何を弾くのかも皆目わからないまま、僕は少しオドオドしながら、譜面台に向かった。そこに置かれていたのはベートーヴェンの交響曲第一番で、それを初見で弾くことになっていた。

指揮者が棒を振り上げ、出だしを合図した瞬間、僕の人生を決める別世界が目の前に広がった。

いろいろな楽器が一丸となって、素晴らしい、心を震わせる、喜びにあふれた音楽を創り出そうと奮闘している……ひとことでいうなら、感動的な音楽だった。家で練習している時や、クラスの発表会でピアノ伴奏でチェロを演奏している時には、感じたことのない気持ちだった。

僕は自分が、音楽家たちから成る大きな有機体、言葉ではうまく表現できないが、実体のあるリアルな集団の一員だと感じた。自分のパートを演奏するだけではなく、ほかの楽器によく耳を傾け、彼らの興奮や反応、技術についていかなければならない。自分に与えられた音符を弾くだけではなく、タイミングを見て入ってくる管楽器のブレスの音に気を配らなければならないし、音色を合わせるために、仲間のチェリストたちの弓使いを観察しなければならない。これは僕の音ではなく、僕たちの音なのだ。

そして、音楽があった。技術的に未熟で、つたないところもあったけれど、僕にとっては新しい、鮮烈きわまりない音楽を、僕たちは演奏していた。生命力あふれる躍動が、僕を新しい力で満たし、慰め、熱狂させていた。

ひょっとしたら僕は、初めて体験したオーケストラのリハーサルを理想化しすぎているのかもしれない。けれど、その時僕を駆り立てた感動の記憶は、今でもまざまざと蘇る。

譜読みのリハーサルが終わると、スコア（総譜）を探しに、大急ぎで図書館へ行った。ベートーヴェンがどうやってこの魔法のような曲を書いたのか自分の目で見たかったし、その秘密を解き明かしたかった。その晩、家に帰ると、借りてきた古いスコアを手に、気持ちを鎮めて、父の書棚から探し当てた古いLPを聴きながら、偉大な作曲家が書いたものを読み解こうと没頭した。だが、無駄だった。聴いても聴いても、スコアに記されたすべてのパートを同時に追うことはできなかった。スコアには、さまざまな要素を同時に奏でる、すべての楽器がまとめられている。この魔法のような音の集合体に命を吹き込めるのは、オーケストラだけなのだ。

僕は音楽にとりつかれた。スコアやCDを集めようと、図書館やレコード店を荒らしまわり始めた。知らない曲の発見、知らない作曲家の技法に飽きることなく熱中した。系統立てて聴いていったわけではなく、その時のインスピレーションや興味の向くままに聴きあさった。一方で、作曲家の生涯や作品が生まれた背景については、きちんと資料を揃えていった。

作曲家の人生を詳しく知ることは、その作品を探究する時や、作品が生まれた時代の雰囲気を肌で感じるための助けになると、僕はずっと考えている。その交響曲と同じくらい絶望的でロマンティックなチャイコフスキーの人生を知った時には、衝撃を受けた。チャイコフスキーと同じくらい夢中になったのは、ベルリオーズの波乱に満ちた生涯と、《幻想交響曲》の誕生秘話だ。モーツァルトのメランコリックなユーモア、ストラヴィンスキーの想像力豊かで因習を打ち破る向こう見ずさには、すぐ魅せられた。

オーケストラは、心の奥深くの、言葉にならない感情から湧き出る声と同じだ。それは、楽器の集合体ではない。ひとつの楽器なのだ。この世に存在する、もっとも完璧で、もっともニュアンスに富み、最高の表現力を備え、ひとの心を引き込んで揺さぶる楽器なのだ。

結局のところ、どうして僕たちは音楽を聴くのだろう？　音楽には僕たちが知らないことを話してくれる力があるからだろうか。それとも音楽には、僕たちが記憶の奥に葬ってしまったことを蘇らせる力があるからだろうか。僕は明るくて冷静な人間だが、マーラーの音楽を聴くと絶望と悔恨に身を委ねてしまう。けれど、焦っていたり落ち込んだりしている時は、外向的で陽気なロッシーニの音楽を聴くことで、自分を取り戻すことができる。

たくさんの曲を聴いて、たくさんの楽譜を読んでからは、その曲を理解するまでの歩みは短く、そして複雑になった。オーケストラがひとつの楽器だとしたら、僕はそれを奏でることができるだろうか。僕を感動させる音楽を演奏するために、僕が楽器奏者たちをリードして、ひとつの音楽的な創造物へと導くことは可能だろうか?

なかば無意識に、僕は指揮者への道を歩き始めた。泳げるかどうかもわからないのに、水に飛び込むように。音楽院のオーケストラの指揮者に、指揮をさせてくれるように頼んでみた。そして、学生仲間をなだめすかして、小さな楽団を作り、いっしょに音楽をやりだした。

この経験を通じて、僕は道を見つけたと確信した。舞台でひとりチェロを弾いている時のとまどいや居心地の悪さ、何かしっくりいっていないと感じたことが、僕が即席で編成したオーケストラを前にしていると消えていった。初めて、ためらいなく自由に自分を表現できる、演奏中に音楽を楽しめると感じた。指揮の基本的なテクニックも身につけていなかったし、オーケストラの指揮者の膨大な任務がどういうものかもまだ知らなかったけれど、僕は確信した。僕には自分の考えを奏者たちに伝える能力があると。作曲家がスコアに書き留め、そして今、僕がたどり直そうとしている道のりへ、彼らを引っ張っていくことができると。

とうとう、自分の楽器を見つけた。オーケストラを奏でてやる! 僕に自由への鍵を手渡してくれた芸術の秘密を、すべて学ばなくては。それには、師匠が必要だ。

今すぐダウンロードすべき五曲

オーケストラ曲とはどんな音楽なのかを理解するには、何を聴けばいいのでしょう？　私を信じて、私のアドバイスに従ってみてください。後悔はさせません。

音楽との最初の出会いがトラウマとなり、なかなか音楽を好きになれないのは、よくあることです。私にも同じような経験があります！　子供の頃、母は私に、室内楽（弦楽四重奏やピアノ・トリオのような、小編成で演奏される音楽）を聴かせようと一生懸命でした。室内楽は、どちらかというと、好奇心旺盛で活発な子供の欲求を満たすような音楽ではありません。むしろ、瞑想するように音楽にふけるタイプの、いわゆる通に好まれる音楽です。けれど私は、前に書いたように、オーケストラの魔力を発見してから、それまでは難しいと感じていた音楽をようやく面白いと思えるようになり、音楽というものを心から愛することができるようになったのです。

では、オーケストラ曲の奥深い世界への食前酒ともいうべき曲を、リストアップしてみましょう。オーケストラ音楽は何を表現できるのか、その多様なスタイルと無限の表現力を知るのに最適な曲目です。

ルートヴィヒ・ヴァン・ベートーヴェン作曲、交響曲第五番作品六七《運命》第一楽章

あの有名な「ジャジャジャジャーン」は、まさにこの曲の冒頭です！　音楽史上、この交響曲ほど有名な作品は、めったにありません。

交響曲について語ることは、ソネットとか頌歌といった詩のさまざまな形態について語るようなものです。交響曲は、詩とまったく同じように、ファンタジーにあふれた作曲家の想いに秩序を与えるため、厳密なルールにしたがって構成された楽曲です。

この交響曲で、ベートーヴェンは、交響曲という形式のルールを守りながらも、音楽の内容そのものの力によって、交響曲という形式そ

ベートーヴェン：交響曲第５番第１楽章

のものを豊かにしています。それは、彼以前には誰ひとりとして考えつかなかったことでした。こうして交響曲は、作曲家の秘めた思いを綴った日記となりました。作曲家は、何としても伝えたいという気持ちに声を与える方法を見つけ出すことによって、形式上のルールを自分のものにすることができるのです。

冒頭を聴いてみましょう。まるでドラマの幕が切って落とされたかのようです。ベートーヴェンは私たちの前で、自分の魂のパンドラの箱を開けて見せます。作曲家が、これほど荒々しく、問答無用とばかりに自分の気持ちをぶちまけたのはこの曲が初めてでした。

我らがルートヴィヒの人生は、順風満帆とはほど遠いものでしたし、外見もまた彼のステレオタイプである有名な肖像画のように、威厳があってどっしりとしていたわけでもありませんでした。背は低く、お世辞にもハンサムとはいえず（顔に若い頃かかった天然痘の痕が残っていました）、性格は気難しい。さらに、二十歳前後に発症し、亡くなるまで年々悪化していった聴覚障害からくるフラストレーションに悩まされてもいました。想像してみてください。人類史上もっとも才能に恵まれた作曲家のひとりなのに、自分が書いた曲を聴くことができなくなるなんて！

第五交響曲で、ベートーヴェンは私たちに、彼の闘いを、怒りを語ります。平穏な人生への渇望を力いっぱい叩きつけ、不幸な宿命に打ち勝とうと戦っているさまを見せつけるのです。

この交響曲の冒頭を振るたびに、オーケストラの響きがボディブローのように私を打ちのめします。まるで宇宙全体のエネルギーが、私が立つ指揮台の前へ一瞬にして降ってくるかのようです。そして私は、そのエネルギーを存分に使うことができるような気持ちになるのです。

出だしの一撃は、強烈な、ドラマティックな効果を持っています。その一撃が増殖し、うごめき、オーケストラのすべての楽器に流れ込み始めます。それぞれの楽器は、四つの音符が連打される動機（訳注1）を、聴くのが耐えがたくなるほど執拗に繰り返しながら、パート間で受け渡してゆきます。この恐ろしい動機は、音楽が静まるように思われるところでも、さらに強く、さらに執拗に、オーケストラをすさまじい狂乱の渦に巻き込みながら戻ってきます。

音楽には、戦争を思わせる軍隊風のアクセントがありますが、これは偶然ではありません。ベートーヴェンは音楽における革命家でしたが、政治的にもそうでした。彼が、専制政治や権力の濫用に反対するフランス革命の理想を支持していたことは、よく知られています。

この交響曲でベートーヴェンは、私たちを彼の理想へと誘《いざな》い、不吉な亡霊が行進するような音色で、私たちを圧倒します。専制政治に対する闘いは、不幸な運命との闘いへと姿を変えます。そこでは、創造力と人間の才能だけが、逆転勝利を収めることができるのです。

ベートーヴェンは、何よりもまず自分自身と格闘しました。それは、インターネットでも簡単に見られる第五交響曲のスケッチを見れば、よくわかります。このスケッチは、作品の下書きでもあり、作品をよりよく理解するための重要な素材です。そこに書き込まれているおびただしい削除や、はげしい逡巡を感じさせる書き直し、そして、説得力に富み、聴衆の心にダイレクトに届く効果的なフィナーレを延々と追い求めた痕跡を観察するのは、ほんとうに面白いものです。

オーケストラの猛威が止み、静寂が訪れます。オーボエが切々と響き、抗うことのできない運命に膝を屈する痛みをありありと描き出します。その音色は、甘美で絶望的で、悲嘆にくれた場面にふさわしいものです。まるで追手の息遣いを首筋に感じながら、必死に逃げる脱走兵のようです。

疲れを知らない、不屈のオーケストラが前進を再開します。頑強で執拗な音のモニュメントを築きながら、戦闘的なアクセントを増やし続けます。暴威は今や頂点へと至り、闘いは情け容赦なく続きます。包囲され、陥落寸前となった町で、トランペットが戦士のファンファーレを吹き鳴らします。そして、冒頭に登場した、恐ろしい、並外れた動機（あの運命の四つの音符）が戻ってきます。全オーケストラが壮絶な叫び声をあげ、とどめの一撃のようにこの動機を響かせるのです。

オーケストラが、再び静かに鳴り始めます。自身の獰猛さにあっけにとられたとでもいうように、曲が始まった時の苦しみの予感に満ちた雰囲気をたたえながら。でも……耳を澄ませてみましょう！　今度はオーボエもいっしょです。激しくすすり泣いています。悲劇を前に、人間は孤独で、平和は訪れないままです。最後に、オーケストラ全体が獣のように飛び上がり、運命の残酷さと途方もない才能との壮絶な戦いを見届けたことを告げるのです。

モーリス・ラヴェル作曲《ボレロ》

シンプルなのにサプライズを約束してくれる、世界でもっとも有名な曲のひとつ。

《ボレロ》の特異性は、さまざまな楽器の音色だけで創られていることにあります。この曲は、オーケストラが持つ音色と表現のあらゆる可能性をただひたすら追求する作品なのです。

基本的なアイディアはシンプルなものです。ラヴェルは、スペイン風といわれるものの、実際はイスラム（異国）の香りがかすかに漂うテーマを創りました。冒頭でフルートが、小太鼓と、ピッツィカートで奏でられるチェロの分散和音に伴われて、このテーマを奏でます。魔法が始まるようにゾクゾクします。そう、作曲家は魔法をかけたのです。というのも、その後十分間にわたって私たちが聴くのは、このテーマだけなのですから。同じ音楽が、何かにとりつかれたように、オーケストラ全体に、楽器から楽器へと伝染していきます。

はじめは無邪気で愛らしく聞こえるスペイン風のテーマは、オーケストラのさまざまな楽器が奏でる音にのって、絶え間なく輪郭を変えていきます。トロンボーンが演奏すると、グロテスクで寂しげなピエロの顔になり、弦楽器が奏でると、英雄的で勇壮な声になります。そして最後には、オーケストラ全体が、この魔術にとりつかれてしまうのです。席から立ち上がって、踊り出したくなってしまいます。トランペットと打楽器が一斉に力強い声を張り上げ、私たちを陶酔へと引きずり込みます。木管楽器は原始的な声をあげ、狂ったように歌っています。

何もないところから生まれた《ボレロ》はこうして、恐ろしくもエロティックなダンスを踊る巨人へと変貌を遂げました。ひとつの有機体の、果てしのない、そしてそれ自身が放出するエネルギーによっていっそう激しくなるステップを止めることができるのは、音楽による悪魔祓いだけです。疲労の極限に達したトランペットは、解放の雄叫びをあげて、終末が近づいてくるのを知らせます。ラヴェルによって色彩豊かに彩られた大きなキャンバスを引き裂いてしまうような、血まみれの闘牛を思わせる死のファンファーレです。手を替え品を替えして繰り返し刷り込まれたメロディの眩惑から抜け出るには、全力で抵抗しなければなりません。

《ボレロ》が築き上げた巨大な時計が、いまや私たちの目の前でひとつまたひとつと砕け散り始めます。苦しげに咆哮するトロンボーン。音楽はまるで、あなたたちに爪を立ててしがみついて、自分が飲み込んでしまったオーケストラの奏者たちを吐き出すまいとしているかのようです。化け物は最後には身をよじって、背中をぐっとそらせ、がらがらと地面に崩れ落ちるのです。

ラヴェル：《ボレロ》テーマの反復

ヴォルフガング・アマデウス・モーツァルト作曲、交響曲第三六番K四二五《リンツ》第一楽章

この章ではこれまでのところ、オーケストラが聴衆に向かって叫んでいるような、強烈で感情を揺さぶる作品を紹介してきました。

ここでガラリと趣向を変えて、よりリラックスした雰囲気を味わってみましょう。だからといって退屈するような曲ではまったくないので、ご心配なく。

映画『アマデウス』のおかげもあって、モーツァルトが魅惑的な面と反抗的な面を併せ持ったひとだったことはよく知られるようになりました。けれどこの交響曲では、多くの作曲家のなかでも、とりわけモーツァルトに際立っている「心地よさ」を堪能することができます。そして、彼の創作プロセスの原動力となっている穏当さとバランスの絶妙なコンビネーションに、感嘆させられることでしょう。交響曲という形式を凌駕しようと力の限り格闘したベートーヴェンと違って、モーツァルトは交響曲の形式に従いつつ、その形式自体の美しさと神々の熱狂と戯れるのです。

交響曲《リンツ》は、荘厳で、堂々とした導入部で始まります。音楽的な天啓が厳かに告

げられるかのようです。テーマは柔和な表情で、かすかにメランコリックな香りを漂わせています。とつぜん、池の穏やかな水面が波立つように、動揺が走ります。すべてが静まったように思われたまさにその時、オーケストラは新しい活力を得て、ざわめき始めます。

モーツァルトはこの交響曲を、オーケストラのための新曲を携えて指揮や演奏会のためにリンツへと向かう旅の途中、馬車のなかで書きあげたと言い伝えられています。神がかった才能を発揮して、わずか一日で完成したという説もあるほどです。

実際、曲のところどころで、二輪馬車が跳ね上がる動きや、栄光や成功への夢、音楽界でもっとも将来を期待される作曲家になりたいという熱望が聞こえてくるようです。トランペットは祝祭的な喜びにあふれ、他の楽器は、湧き出るエネルギーに突き動かされながらも優美さと勢いを失わないギャロップのような動きに、身を任せています。

モーツァルト：交響曲第36番《リンツ》第1楽章

「クラシック音楽」という言葉は、適切に使われているとはいえません。厳密に区切られたある一時期の音楽を指すこともあれば、交響曲や室内楽のような「教養」ある音楽を意味することもあるといった具合です。彫刻や建築の分野では、「古典的」な時代といえば古代ギリシャ時代を意味しますが、音楽における「古典的」な時代は、十八世紀の器楽と結びついています。古代ギリシャの彫刻家や建築家が、後世においてさまざまな基準や堅固な基礎となった作品を遺したとしたら、音楽においては、一七〇〇年代に作曲された作品が、かっちりした、また有効な手本や形式となって、のちの世代にインスピレーションを与えたのでした。

モーツァルトの交響曲《リンツ》は、まさにこの「古典的」な時期に属していて、「古典的」な音楽の典型的なモデルといえる作品です。端正で繊細なオーケストラの響きを聴いてみてください。華々しい効果はほどほどに抑えられていますが、だからといって音楽に力がないわけではありません。主要なテーマが冒頭部でどのように提示されるか、耳を傾けてみましょう。そのテーマは、中間部で絶えず展開され、終結部では元通りの姿で再現されます。

これが、音楽における「古典的」な形式（訳注2）ですが、《リンツ》は、その枠組みにとどまっていません。天才モーツァルトのインスピレーションは、プロポーションに人間性を、形式的なルールにファンタジーをさらっと加えることで、古典的な大理石を、表現力豊かな魔法の液体でピカピカに磨き上げる術を心得ていたのです。

アントニン・ドヴォルジャーク、交響曲第九番 作品九五《新世界より》第二楽章

人生には、ただ音楽だけが、心の奥にひそんでいる想いを形にしたり、声にならないものに声を与えることを可能にしてくれる瞬間があるように思います。

子供の頃、時間のたつのも忘れて、自分の精神状態を鮮やかに描写してくれているように感じた曲を、ウォークマン（その頃はまだ存在していたのです。何十年も昔のように感じますが、実はほんの少し前だったのですね）で聴きふけっていました。

思春期には、誰もが日常的に心に鬱屈を抱え、それにつきまとう感情や欲望に振り回されるものです。恋愛は謎めいていて、将来への不安が心を曇らせ、夜になると、憂鬱な願望やささやかで純粋な栄光への夢が湧き起こってきて、胸をふさいでしまうという具合です。

夜、部屋に引きこもり、ヘッドホンをつけて、音楽にインスパイアされるままに、今と違う人生を夢見るのが大好きでした。ビッグになった自分、オーケストラの指揮者になった自分、オーケストラが紡ぎ出す音で、どんなことでも伝えられるようになった自分。そうなる

と、言葉はもう必要なくなります。音楽で愛を告白することもできるし、楽器が出す荒れ狂う音でライバルたちをひるませることもできる……。夢は、疑うことを知りません。

その頃、よく聴いていた曲のひとつが、このドヴォルジャークのささやかな大傑作でした。ドヴォルジャークは、チェコのもっとも偉大な作曲家で、ロマン主義を代表する作曲家のひとりに数えられています。音楽の語り口はシンプルですが、その音楽が吐露することにははっとさせられる率直さがあり、心に響くのです。

一八九二年、ドヴォルジャークはアメリカ、ニューヨークに設立されたばかりの音楽院の院長として招へいされますが、これは当時、ヨーロッパ全土で名を馳せていた作曲家にとっては大きな冒険でした。ドヴォルジャークは、まだ歴史の浅い土地に旧大陸の音楽の知識を伝えるという大仕事を引き受けたのです。滞在は三年に及び、彼はアメリカに新しい伝統や楽派を築くことができました。ドヴォルジャークのこのような功績のおかげで、その後の世代に、多くの重要なアメリカ人作曲家が登場することになったのです。

《新世界》は彼の最後の交響曲です。ここでドヴォルジャークは、新大陸における自分の経験を集大成しようと試みたように思われます。古典的な形式に、アメリカ先住民や黒人の音楽が取り込まれています。黒人霊歌（スピリチュアル）や、どこかの部族の歌のようなパッセージがたくさん聞こえてきます。それらはそっくりそのまま取り入れられているわけではなく、ドヴォルジャークの感性によって再構成されているのですが。

ドヴォルジャークの第二の故郷へのオマージュは、有名な第二楽章にはっきりと表れています。ここでドヴォルジャークは、自分の音楽の根っこにある二つの魂、つまりアメリカとスラヴの魂を絶え間なく融合させているのです。

第二楽章の冒頭を聴いてみましょう。最初は金管楽器、それから弦楽器が、陰鬱で荘厳な音を奏でます。その音はギリシャ正教の修道院で聞こえてくる歌を思わせ、バルカン半島の小さな村でギリシャ正教の司祭が行う連禱を聴いているかのようです。けれど同時に、目の前には、アメリカの広々とした空間が、高く青々とした空の下にどこまでも広がる草原が開けてきます。

イングリッシュ・ホルンが、メランコリックな夜想曲風の歌を歌い始めます。シンプルですが、心惹かれる歌です。これもまた、チェコの小さな村にも、テキサスの開拓者たちが囲む篝火の情景にも、似合いそうな歌です。

ドヴォルジャーク：交響曲第９番《新世界》より
第２楽章

多くの解説者や評論家は、この音楽を、遠く離れた祖国を思うドヴォルジャークの郷愁を歌ったもの、あるいは反対に、新世界からヨーロッパへ送られた音楽の絵葉書のようなものだと考えました。この夢見るような歌を、亡くなったアメリカ先住民の酋長のお葬式で歌われた嘆きの歌だと考え、そのイメージをなんとか音楽に結びつけようとした人もいるほどです（訳注3）。

実際には、この楽章は純粋に音楽的なものです。アメリカ先住民やカウボーイの中途半端な描写を意図した音楽などではなく、ふわりと浮かぶ魔法のような宇宙に私たちを導き、無限の可能性を秘めている未開の大地への驚嘆と、それと隣り合わせの、甘く懐かしい思い出を呼び覚ますような音楽なのです。

この最初のテーマに、落ち着きがなく、前のめりになっているような二つめの曲想が続きます。ドヴォルジャークは、伝説やスラヴの民話が大好きでした。彼はここで、悲恋や架空の人物に彩られた古代の騎士物語の語り手になっています。

続く部分では、また別の民話が息づいています。一種のアメリカ風サルタレッロ（訳注4）のような曲想で、アメリカ先住民の音楽がこだましていることは明らかです。けれどこの曲想はすぐに、全オーケストラが奏でる力強い和音にかき消されてしまい、第一楽章に登場したテーマが回帰します。このテーマは、堂々と、そしてくっきりとしていて、未開のアメリ力を描いているかのようです。

やがて、すべてが静まります。冒頭のテーマが、かすかに、だがいっそう物憂げに再現されます。二つの故郷に対する作曲家の無償の愛を、永遠に語りながら。

モデスト・ムソルグスキー作曲（モーリス・ラヴェル編曲）、組曲《展覧会の絵》より〈雛鶏の脚の上に建つ小屋〉〈キエフの大門〉

オーケストラの音楽が物語を語ったり、あるはっきりとしたイメージを私たちに伝えることは可能なのでしょうか？

音楽から受け取るものは、とても個人的で多彩です。ある曲を聴きながら、私は楽しかったことを思い出しますが、あなたは落ち着かない気持ちになるかもしれません。ある交響曲のひとつの楽章から、あなたはアルプス山脈のような景色をイメージするかもしれませんが、私は嵐の海を想像するかもしれないのです。これこそ、音楽の素晴らしいところです。音楽は、あらゆる種類の記憶、感覚、感情、イメージを喚起してくれます。けれど、そうではないケースも存在します。作曲家がいわゆる「標題音楽」によって、私たちを特別なゲームに巻き込む場合です。

インスピレーションというものは千変万化で、突然ある芸術家にとりついて、想像もできない方法で感化してしまうことがあります。風景や絵画、本などに魅せられた作曲家が、インスピレーションの源を描くことで曲を創り、その本質を究めようとすることは、よくあることです。

作品の下敷きとなった「プログラム」を有名にし、音楽にしようと決心した対象を非常に明確なイメージに創り上げた作曲家をあげてみましょう。たとえばスメタナ。彼の《モルダウ》では、私たちはこのスラヴの川の源から、その流れを追いかけてゆきます。源泉の水しぶきや雄大な風景を音で描き出した作曲家といっしょに、ボヘミアを旅するのです。

十九世紀、聴衆の耳を惹くために、たくさんの作曲家がこの手法を採りました。ほぼ無限の可能性を持つ楽器であるオーケストラは、空模様を表現することもできますし（たとえばベートーヴェン作曲《田園》の嵐の場面）、悪霊や亡霊を呼び出すこともできれば（サン＝サーンス作曲《死の舞踏》）、詩歌の雰囲気を音楽で再構築するだけの場合もあります（リスト作曲《レ・

プレリュード（交響詩「前奏曲」）》は、アルフォンス・ド・ラマルティーヌの牧歌的な詩に着想を得ています）。

　このジャンルでのお勧めは、ムソルグスキーの組曲《展覧会の絵》の、連続して演奏される二曲です。《展覧会の絵》は私のお気に入りの作品のひとつで、作者の「プログラム」が音楽によって素晴らしく魅力的に語られている作品です。

　ムソルグスキーはロシアの作曲家です。ウォルト・ディズニーの映画『ファンタジア』が好きな人なら、名前を聞いたことがあるでしょう。ムソルグスキーは映画の終盤で使われている《禿山の一夜》という作品、亡霊や化け物が大騒ぎを繰り広げて、山頂からは悪魔が出てくる、あの曲を作曲したひとです。私は、ムソルグスキーは、彼の熱に浮かされたようなイマジネーションから生まれた物語を音符で語ることができる独特な感性を持っていたと思うのですが、あの音楽の雰囲気をご存知のかたならわかっていただけるのではないでしょうか。

《展覧会の絵》が生まれたきっかけは、作曲家の私生活における出来事でした。彼の親友のひとりで、舞台美術家として活躍し、アマチュアの画家でもあったヴィクトル・アレクサンドロヴィッチ・ハルトマンが亡くなり、ムソルグスキーを含めた友人たちが、ハルトマンの全作品を集めた回顧展を開こうと決めたのです。

　我らがムソルグスキーは、自身が綴った展覧会のカタログ、つまり彼ならではの音楽で友人の美しい絵画を写し取ったカタログを、私たちにプレゼントしてくれました。もともとの作品はピアノ曲ですが、私のお勧めは、《ボレロ》の作曲家であるモーリス・ラヴェルがオーケストラ用に編曲したものです。ラヴェルは、ハルトマンとムソルグスキーによるスケッチを、火を噴くようなきらきらと輝く色彩で塗り直し、装いを一新して、ゾクゾクさせてくれる音楽を創り上げました。

《展覧会の絵》は、ハルトマンのスケッチをさまざまな形で音楽化した組曲です。二人のユダヤ系ロシア人の肖像画（〈ゴールデンベルグとシュムイレ〉）、バレエ衣装のスケッチ（〈卵の殻をつけた雛の踊り〉）、牛に引かれてギシギシと進むポーランドの牛車（〈ビドロ〉）などが出てきます。ムソルグスキーは、絵から絵へと見て回る人の歩みまでも音楽にしました（有名な〈プロムナード〉）。この歩みはひとつの同じテーマによって強調されますが、雰囲気は毎回異なっています。まるで、友人が亡くなった後も、ムソルグスキーが彼の絵から感動を受け続けているかのように。

最後の二枚の描写で、ムソルグスキーは信じられないほど生き生きとした魅力的な力強さを発揮して、自分を超えていきます。

〈雌鶏の脚の上に建つ小屋〉は振り子時計の絵ですが、ハルトマンの絵はとても陰惨なものです。時計は家の形をしていて、鳩時計なら鳩があるはずのところにドクロがあり、振り子の代わりに研いだ鎌が描かれています。ムソルグスキーはこの恐ろしげな小屋に、ロシアの子供なら誰でも経験する幼年期の悪夢のような思い出を重ねました。この家は残酷な魔女バーバ・ヤーガの魔法の家で、不思議なことに雌鶏の脚の上に乗って移動し、餌食となる子供を探すという話です。

この曲は、オーケストラが破裂させる二つの強烈な音で始まります。まるで、脚の生えた死の館が、絶望に打ちひしがれた子供のほうへずんずんと向かってくるようです。音楽は、カチャカチャという音を執拗に繰り返して、ハルトマンが描いた振り子時計のカチカチという動きを表しています。

ここで聞こえてくるのは、野獣のような唸り声です。トランペットとホルンの身の毛もよだつ叫び声がこだまする、ぞっとするような音楽。中間部では緊張感がほどけ、魔女たちは森のあちこちの樹木の陰に身をひそめたような雰囲気になります。けれど実は、彼女たちはいつでも好きな時に、私たちを捕まえることができるのです。パニックに陥った子供が隠れ場所を探す、パタパタという足音が聞こえてくる

ムソルグスキー（ラヴェル編）：《展覧会の絵》より
〈雌鶏の脚の上に建つ小屋〉

ようです。

子供たちがここなら安全という場所にたどり着いたとたん、魔女の金切り声が遠くに聞こえて、雌鶏の脚の上に建つ小屋が再び恐ろしい狩りを始めます。しかし、この暗く侘《わび》しい絵の闇は、突然、目もくらむような光によって消し飛びます。金管が勝ち誇ったように、〈キエフの大門〉のテーマを吹き鳴らすからです。

〈キエフの大門〉のテーマは、亡き友への感動的なオマージュといえるでしょう。ムソルグスキーはキエフの町にある、大きなクーポラを戴いた想像上の大門の絵にインスパイアされて、宗教的な威厳に満ちたロシア正教の聖歌や、ロシアの人々にとって神聖なものであるイコンを彷彿《ほうふつ》とさせる曲を創り出しました。

ハルトマンが描いた可愛らしい小さな門が、ムソルグスキーによって勝利のコラール、祝祭的な鐘の音が鳴り響く壮大な曲へと変貌を遂げたと思うと、微笑まずにはいられません。ハルトマンの〈キエフの大門〉のおかげで、ムソルグスキーは友人の名前を歴史に残しただけでなく、ロシア音楽のなかでも類まれな一ページを書くことができました。深い精神性、自分が生まれた土地への愛、神秘的な信仰の本質をつかみ取ることができる作曲家は、ほんのわずかしかいないのです。

（1）動機（原文ではinciso）：音型の一種で、メロディを構成する最小単位。短い「テーマ」のようなもの。原文のincisoは「短い旋律」だが、《運命》の冒頭の四つの音からなる短い旋律は、一般的に日本では「動機」と表記されることが多いので、ここでもそれに準じた。

（2）「古典的」な形式：ここでは「ソナタ形式」をさす。「ソナタ形式」とは、二つの主題が提示される「提示部」に始まり、それが展開される「展開部」を経て、主題が再現される「再現部」、終結部の「コーダ」からなる形式。十八世紀後半－十九世紀半ばくらいに全盛期を迎えた。

（3）本文で述べられているように、この《新世界交響曲》、とくに第二楽章をアメリカ先住民の文化や音楽と結びつける試みは数多く行われてきた。代表的なものは、アメリカの詩人、ヘンリー・ワーズワース・ロングフェロー（1807－1882）の叙事詩で、アメリカ先住民の伝説的な英雄を扱った『ハイアワサの歌』の影響を受けているという説である。それによると、第二楽章のメインテーマは、主人公の埋葬のシーンにおける嘆きの歌だというのである。実際ドヴォルジャークは、アメリカに移住する前に、本作に親しんではいた。一方で彼は、《新世界交響曲》に北米先住民の音楽を直接引用したという説を、手紙やインタビューのなかで明確に否定している。

（4）サルタレッロ：イタリア起源の舞曲。三拍子で、急速なテンポで踊られる。

ヴェローナ音楽院ではチェロを学んだ
©A.Battistoni

第二章　指揮台で

◇　◆　◇　◆　◇　◆　◇　◆　◇　◆

いちばん居心地が悪いのは、舞台の袖に控えている時だ。やりたいことは、ただひとつ。できるだけ早く指揮台の上に立つこと！　とくに今夜のプログラムは、僕の大好きな「彼女＝チャイコフスキーの交響曲第六番《悲愴》」だから。

《悲愴》は、僕にとってはただの交響曲以上のもの、音符でできた魅惑的な創造物のようなものである。この交響曲《悲愴》は、巨大な鏡だ。この曲を指揮する時はいつも、自分の内面へと向かう、恐ろしい、でもやり遂げなければならない旅に出るような気持ちになる。自分のもっとも暗い部分と向き合い、それと格闘しながら、力を振り絞ってその部分をさらけ出す。恐怖、ひそかな欲望、希望、悪意、慈悲、愛。そのすべてが、この交響曲には集約されている。ひょっとしてチャイコフスキーは自分を浄化するためだけではなく、僕のことも考えながら作曲したのではないかと思ってしまうほどだ。

この作品は、僕の交響曲だ。「オーケストラ・ジョヴァニーレ・イタリアーナ」（訳注1）の奏者たちは、僕といっしょにこの曲を旅しようと待ち構えている。

ステージ脇の扉のすぐ後ろに控える。ステージからはもうチューニングの音が聞こえている。さまざまな楽器が出す音の素晴らしいカオスが耳に届くと、いつものことだが、アドレナリンが噴出して僕の背骨を流れ落ちる。

チューニングの音が静まり始めたとたん、客席から子供の泣き声が耳に飛び込んできた。大きな声で、なかなか止みそうにない。僕のかたわらに立つ、演奏会を仕切っているインスペクター（訳注2）にイライラした眼差しを投げ、強くため息をついて、「あいつが泣き止むまで、僕は舞台へ出て行かないぞ！」と伝える。《悲愴》は、絶対的な静寂から、オーケストラのとても低い音から、コントラバスが奏でるほとんど聴き取れないくらいの、何かが生まれる時のような音から生まれなくてはならない。

状況を素早く察知したインスペクターは、客席へと走る。開演がちょっと遅れてしまうが、そんなことはかまわない。僕のこの曲に対する敬意と愛は尋常ではない。子供には黙っていてもらわなければ！

ようやく、静寂が訪れる。本当のところ、この曲は子供向けではないのだけれど……。

ステージへ出て行く。拍手が起こるが、ほとんど耳に入らない。欲しいのは静寂だ。《悲愴》が生まれる時の完璧な静寂、謎を孕んだ、張りつめた静寂だけが。

その時が来た。ゆっくりと腕を上げる。足をしっかり踏みしめて、指揮台とひとつになる。目を閉じて、これから聞こえてくるコントラバスの最初の音を予感する。旅が始まる。指揮棒をわずかに下げる。コントラバスが奏で始める。瀕死の人の喉から漏れる、恐ろしげな、ぎょっとするようなうめき声が聞こえてくる。

すぐに視線をファゴットへと投げる。指揮する必要はほとんどない。ファゴットの、打ちひしがれ、怯えたような、とても重いフレーズが、チャイコフスキーの孤独と絶望を僕たちに語り始める。

クラリネットとオーボエが、悲嘆に暮れたむせび泣きで応える。ホールは再び静寂に閉ざされる。これから始まることへの予兆に満ちた休符だ。いつものことだが、この休符をじっくりと噛みしめる。

再びコントラバスが、不穏な雰囲気に満ちた苦い和音を吐き出す。ファゴットがその上で、葬送の祈りを歌う。

そして、すべてがまた静寂に包まれる。

◇　◆　◇　◆　◇　◆　◇　◆　◇　◆

　ここから、指揮者のほんとうの試練が始まる。この交響曲で、いちばん難しい部分だ。ちらりとヴィオラを見る。音楽を再開するのは、彼らだ。ヴィオラ奏者たちを僕の腕に結びつけたい、全神経を集中して僕についてきて欲しいと願う。三拍、宙で振る。次のナーバスなアタックに反応して、ヴィオラの弦から苦いため息が立ちのぼる。

　ここで指揮者は、二つの仕事に挑む。強い集中力を保ちつつ、深い感情を呼び覚ますのだ。ここは難所だ。下手をするとオーケストラがバラバラになってしまう。短い動機が、埃だらけの床を這いまわる蜘蛛のように追いかけっこをするが、テンポが崩れる危険と背中合わせだ。最初の爆発的な瞬間まで、全員がきっちりと正確に演奏しなければならない。

　危険地帯を見事に切り抜けた。思わず微笑みがこぼれる。肩の力を抜いて、踏んばっていた足の緊張を解く。チェロが、オーケストラをはるか遠くのうごめきへと運び去る。静寂。目を閉じる。

　また三拍、宙で振る。弦楽器から、信じられないほど甘い三つの音が、かすかに震えながら立ち上がる。

「誰かにキスしたくてたまらない。でも、できない。まだその相手と知り合ってもいないかもしれないし。そんな気持ち、わかるよね？　この三つの音符には、そんな気持ちになった時のような震えが必要なんだよ」

リハーサルの時、僕はこの三つの音についてそんな風に説明した。奏者たちは笑っていたが、理解はしていた。これはチャイコフスキーが創造したもっとも美しいテーマであり、チャイコフスキーにしか呼び覚ますことができない新鮮な炎によって命を吹き込まれたものだ。悲しみやメランコリーだけでなく、若く、果てしのない欲望をも語る音楽なのだ。

この交響曲は、静寂との長い戦いだ。音楽は、忌まわしい死の深淵の上で、危うい均衡を保ちつつ、虚無に飲み込まれまいと粘り強く戦い続ける。だがやがて、ほとんど聴き取れないような響きの上を舞いながら、虚無へと吸い込まれていく。

クラリネットだけが取り残された。皆に見棄てられ、荒野にぽつんと残されたかのように。孤独なクラリネットが歌い始める。愛のテーマが舞い、穏やかにまどろみ始める。

ここからが悪夢だ。僕は、クラリネットが聴かせたばかりのビロードのような旋律のパロディみたいな、しわがれてグロテスクな音の塊をかき集めようと、腕を魔物の鉤爪のようにして、ファゴットへと伸ばす。「この和音で、客席でぼんやりしているおばあちゃんを、

チャイコフスキー：交響曲第6番《悲愴》第1楽章より

少なくとも二人、飛び上がらせてみたいんだ！　いいかい？」

第一楽章の第二部は、ホールの壁をビリビリと震わせるような爆発的な音で始まらなければならない。オーケストラの不意を衝いて、合図を出す。ここから、まさしく命を懸けた闘いに身を投じるのだ。激怒、凶暴、欲求不満。この音楽は、ざっくりと口を開けた傷口からあふれ出す、ネガティヴで破壊的なエネルギーを物語る。

僕とオーケストラは、闘いのなかでひとつになる。僕の腕は奏者たちを的確にリードしながら、僕自身がチャイコフスキーの音符にどれほど感銘を受けているかを彼らに示さなければならない。

オーケストラ、つまり自分の楽器の前では、指揮者は誤魔化しがきかない。オーケストラの音楽家たちに向かって自分の魂をさらけ出す時に、恥ずかしがったりとまどったりしてはならない。とくにこれほど魂を揺さぶる音楽を、いっしょに演奏する時には。この音楽にこめられたメッセージがどれほど重要かをはっきり示して、全力で格闘しなければ、奏者たちが僕を信じて、こんなに苦労の多い冒険を共にしてくれるはずがない。

優秀な団員で構成されるオーケストラにとって、大作曲家の交響曲をほどほどの力で演奏するのは、さほど難しいことではない。が、音楽に血肉を与え、全力で没頭し、限界まで格闘するのは、とても骨が折れる。

オーケストラ奏者たちの顔に、汗が流れ落ちるのが見える。苦悩に集中している顔が、椅子から身を乗り出して前のめりになっている体が見える。弦楽器と木管楽器は、金管楽器の叫び声と打楽器の怒号から身を守っている。

トロンボーンが、死者を弔うロシア正教の歌を歌い出す。過ぎ去った日々の悲しい記憶が、僕たち全員を恐ろしい魔法にかける。僕にとっては、コンサートで一番トラウマになりやすい瞬間だ。暗い、謎めいた深淵への下降が始まる。音楽は上昇したかと思うと、激しくなる。そして僕たちは、まるで難破船の残骸のように重くなって、自分自身のもっとも密やかなところへと、みんないっしょに沈んでいく。

僕たちは一丸となり、ひっかくような荒々しい音を一斉射撃のように繰り出す。弦楽器の弓は弦にぴったりと張りつき、僕は彼らといっしょにヴィブラートをかけるように、左手をちょっと大げさなくらいに小刻みに動かす。音でできた悲劇に、指揮棒が穴を開ける。僕は奏者たちに向かって、死刑執行人のように冷酷に、

チャイコフスキー：幻想序曲《ロメオとジュリエット》より

◇　◆　◇◆◇◆◇◆◇◆

ドロドロした溶岩のような音を、息継ぎなしに保つよう命じる。いまや僕たちは緊張の極みにいる。ひと振りに全体重をかけつつ、頭の上に腕を振り上げる。オーケストラが出す、悪魔にとりつかれたような音の上に指揮棒を振り下ろすと、ドーンと衝撃を受けた時のように、僕の胸から猛獣のうめき声が漏れる。

第一楽章のクライマックスだ。チャイコフスキーは、僕たちの目の前に、真っ暗で底なしの裂け目を開く。僕たちは、この大きな空虚から生まれ出て、人生の最後には再びそこへ堕ちていくのだろう。僕の内にひそんでいる亡霊たちが、この淵から湧き上がってくる。僕は彼らと向き合い、踊り、親しくなり、愛し、そして憎む。

途方もない苦労、激しい格闘。肉体的には限界だ。オーケストラの張りつめたテンションが、出し抜けに切れる。疲れ切って戦場に剣を投げ捨てる戦士のようだ。遠くから断続的に聞こえてくるティンパニの音を合図に、膝を折るオーケストラ。

再び虚無から、最後の力を振り絞らなければならない。僕の残骸のひとつから、第一楽章の前半を支配していた、あの運命的なテーマを蘇らせる。それはかすかに震えながら始まる。チェロには、弦を支えている駒の近くを弾かせる。こうすると、割れた窓を吹き抜ける風のような、ガラスのような手触りの音を出すことができる。

愛のテーマが、勢いよくほとばしる。オーケストラを丸ごと抱きしめるように、腕を広げるのが好きだ。とても人間的で、兄弟愛を感じるような経験を通じて結びついている音楽家たちをひとつにする、情熱に満ちた愛撫。

最後に、見捨てられたクラリネットが、僕たちの苦悩を慰めに戻ってくる。クラリネットに視線を投げ、美しい音色や、綿密に作り上げられた懐かしいフレーズに、惚れ惚れしながら耳を傾ける。そしてほとんど希望のない、葬列のような隊列が通っていく。別の次元から、トロンボーンと木管楽器の合唱が聞こえてくる。弦楽器に軽くはじくよう目で合図すると、彼らはピッツィカートを奏でて、この合唱を縁取る。

ティンパニの連打が聞こえてきて、ふっと消える。こうして、チャイコフスキーの交響曲《悲愴》、第一楽章が終わる。

素早く終わりの合図を出す。音が消えても、僕は腕を上げ、目を閉じたままでいる。何度となく求めてきた静寂が、いまやあたりを支配し、ホールを満たしている。

力を抜く。ゆっくりと腕を下ろし、演奏者たちを見る。僕たちはひとつになった。そして、旅はまだ始まったばかりだ……。

オーケストラの指揮者

「オーケストラの指揮者って、いったい何をしているのですか?」

別の分野の人たちから、いったい何度、こう尋ねられたことでしょう。

確かに指揮者は、「クラシック音楽」という分野において独特の魅力を放っています。スターのようなイメージ、誰の目にも明らかな、オーケストラに対する絶対的な権力、魔法のように音楽を導き出す仕草ににじみ出る自己顕示欲……この音楽家の役割がどこから始まったのか、知りたくなっても不思議ではありません。

指揮者とは、まったく型破りな音楽家です。コンサートではいつも中心的な存在となり、聴衆から拍手や称賛を受けるのに、自分では一音たりとも音を出さないのですから。

私にとって、指揮者という仕事が魅力的な第一の理由は、おそらくここにあります。オーケストラの指揮者は、物理的にも肉体的にも、楽器に「取り組む」わけではありません。指揮者の勉強とは、自分で音を出すために、技術面でのさまざまな困難に挑むことではないのです。

だからといって、指揮者の勉強が表面的で、たやすいものだと考えるのは間違っています。指揮者は、これから演奏しようとしている作品について、説得力のある考えを組み立てようと、偉大な作曲家といっしょに時間を過ごします。そして、ひたすら音楽に没頭する贅沢を享受しているのです。

この準備段階は、小さなようでいて、大きな挑戦です。紙に書き留められた記号と五線譜でできている傑作に命を吹き込むために、それを「解釈」しなければならないのです。

作品を解釈する目的は二つあります。ひとつは、これらの記号すべてに託された深い意味をつかむこと。つまり、作曲家は音符を介して何を言おうとしているのか、指示に忠実に従いながら読み解くことです。もうひとつは、どう演奏するか、つまり演奏家の個性を出しながら音楽を自分のものにするために、どんな選択をしていくかです。

哲学的なことを言っているわけではありません。聴衆は作曲家が書いたものを聴くのではなく、音楽を通じて作曲家はこう伝えたかったのだろうと、指揮者（一般的には、すべての音楽家）が「解釈した」ものを聴くのです。音楽家は、音符を音にする機械ではなく、自意識に満ちた媒体です。私たちは、アーティスト自身の感受性を介して音楽を楽しみます。音楽が存在するためには、生きた人間が必要なのです。

だからこそ指揮者は、作品を深く研究しなければなりません。ひとつの誤った選択が、演奏のバランスを危険にさらすかもしれないからです。ピアノやフォルテの奏で方は、いったい何通りあることでしょう！　速度に、どれほどのヴァリエーションがあることでしょう！　旋律を力強く奏でること、あるいは繊細に奏でることが、パッセージの輪郭をどれほど変えてしまうことでしょう！

すべてはスコアから始まります。指揮者は、ただ紙に書かれている音符を読んでいるのではなく、作曲家の音楽に入り込むために必要なあらゆる指示を読み取っていきます。

私は、自分のスコアをとても大切にしています。細心の注意と敬意をはらって、きちんと本棚に並べているのです。けれど勉強を始める時の最初のアプローチは、スコアに息を吹き込むため、肌身離さず、それもやや乱暴に持ち歩くことです。覚書きやメモをぎっしりと書き込み、作曲家の筆に自分の仕事の痕跡を残していきます。勉強する時は、いつでも目を通せるように、スコアを一日中手元に置いておきます。ページを開いたままで机の上に置いておくと、時折ちょっと目を通すだけで、その作品の個性的な部分が胸や脳裏に焼きついていくのです。

私にとっては、音楽を吸収することが重要です。だからできるだけ、暗譜で指揮をするようにしています。演奏会の間にページをめくることや、譜面台の上のスコアを追っていくことから解放されるためだけではありません。体や腕が自然に動いて奏者たちを導くという、音楽と自分との究極の関係が創れるからなのです。指揮者の身振りは聴衆を感嘆させるためのものではなく、単なる仲介でしかありません。演奏している間、指揮者はオーケストラの奏者たちに話しかけることができません。言葉で指示を出せるのは、リハーサルの時だけです。指揮者はリハーサルの時間を使って音楽を組み立て、時には正確な演奏のために、スポーツのコーチよろしくオーケストラを「トレーニング」するのです。

*) NB The words in parentheses are for the guidance of the Conductor only; they are not printed in the orchestral parts.

POMP AND CIRCUMSTANCE MARCH NO. 1

Op. 39, No. 1

コンサートの間、指揮者はボディ・ランゲージを使って、三つの基本的な役割を果たします。

第一の役割は、基本的なことですが、オーケストラ全体にテンポを示して、音楽の進行をリードすることです。指揮者は、共通の速度を刻む明確な基準点であり、その指示に従うすべての音楽家を結びつける役割を果たします。

第二の役割は、次から次へと起こる音楽の嵐を支えることです。そして、三つめの重要な役割は、演奏を始めるタイミングを演奏家に指示することです。

前のページに、オーケストラのスコアを掲載しました。ごらんになればわかるように、それぞれの楽器は同時に同じ音を演奏しているのではありません。オーケストラの響きの美しさは、このように、いろいろな旋律やさまざまなリズムを組み合わせることで生まれます。ある楽器が数分間沈黙したあとで音を出さなければならないような時には、その奏者が音楽の流れにうまく合流できるよう、指揮者が身振りで入る場所を指示します。つまり、指揮者というのは非常に実践的な存在であり、音楽家たちが演奏を続けるための「空港の管制官」のような役割を担うのです。

ある指揮者の演奏が特別なものになりうるかどうかは、リハーサル中の言葉での指示や、とりわけコンサートの現場で発揮されるカリスマ性や身振りを通じて、自らが担うガイド的な役割を芸術へと昇華させることができるかどうかにかかっています。指揮者が、テンポを刻んだり、入りを指示したりするだけでなく、顔の表情や瞬間的な体の動き、奏者たちに向けられた緊張感や優美さが漂う手の動きなどを通じて、自分自身の感動や、今演奏している音楽についての考えを伝えることができて初めて、私たちは作曲家と演奏家と作品との深い結びつきに立ち会ったと言えるのです。

指揮者にとって重要なことは、コンサートの時に楽器を演奏しない唯一の演奏家だと自覚することではありません。息の合った大勢の音楽家が創り上げている有機体、つまりオーケストラという類まれな楽器を自在に操るもっとも幸せな音楽家であると気づくこと、それこそが、指揮者にとっての真の奇跡なのです。

指揮棒あれこれ

指揮棒は、オーケストラの指揮者の旗印で、忠実な相棒です。とはいえ、いったい何の目的で指揮棒を使うのでしょう？

音楽を導く役目をする指揮棒は、何世紀も前に発明されました。すでに中世、グレゴリオ聖歌のセクエンツィア（訳注3）を歌う際に、仲間の修道士たちを率いる修道士、つまり先導者が、みんなが揃って歌えるように木製の長い棒を使っていたことがわかっています。

これが、指揮棒のそもそもの役割です。指揮者は指揮棒のおかげで、よりはっきりとテンポを刻めるし、奏者や歌手たちは指揮棒を見ることで、音楽の進行を正確に、みんなといっしょに追っていくことができます。指揮棒が止まれば全員が黙りますし、ひと振りで音楽が始まります。これこそ、オーケストラの指揮者、つまり音を引き出す現代のオルフェウスの力量です。

十九世紀に入ると、指揮棒はさらに重要になります。オーケストラが取り組まなければならない楽譜が複雑になって、大人数のアンサンブルを統率する指揮者の存在がどんどん大きくなったからです。しかし、正確な演奏をするための方法をあれこれと模索した大昔の指揮者たちは、奏者たちとコミュニケーションを取るために、今の指揮棒とはまったく異なるものを使っていました。ハンカチをひらひらさせる人がいるかと思えば、鍵を振る人もいましたし、あまりエレガントとはいえないものの効果抜群の方法として、手を叩いたり足を踏み鳴らしてテンポを取る人もいました。

指揮棒の元祖は、「指揮のための杖」です。それは木を束ねて作った棒で、装飾が施されることもありました。指揮者は、秩序立った演奏を実現するために、この棒で力強く床を叩いていました。フランスで活躍した作曲家リュリは、一六八七年、この杖でひどい目にあいました。演奏中に、棒を自分の足に突き刺してしまい（かなり喜劇的です）、その傷が悪化して壊疽が起こり、間もなく亡くなってしまったのです。

杖が床を叩く音は騒々しく、聴衆をげんなりさせたので、指揮杖は次第に指揮棒へと移行しました。指揮棒を使えば、指揮者は空中で、音を立てずにテンポを刻むことができます。指揮棒の原型を考え出したのはエクトル・ベルリオーズです。彼は「指揮棒は軽くて、五十センチくらいの長さで、色は暗いより明るいほうがいい」と主張しました。そのくせ肖像画のベルリオーズは、ほぼ決まって、黒っぽく、ずんぐりして、とても重い、黒檀でできた指揮棒を手にしています。

その使いやすさにもかかわらず、指揮棒はなかなか普及しませんでした。ベルンハルト・ヴェーバーは、一八二〇年になっても楽譜を丸めたものを愛用していましたし、作曲家のスポンティーニは、両端に象牙の玉がついた棍棒の一種を使っていました。

しかし時間とともに、指揮棒は指揮者の姿を特徴づける物体となっていきます。今日のマエストロたちは、自分を表現する慣れ親しんだ身振りに合わせて、さまざまなタイプの指揮棒を選ぶことができます。バーンスタインは、調教師が鞭を使うように、細い棒を振り回していました。ゲルギエフは、爪楊枝を宙に震わせるのがお気に入りです。カラヤンは長すぎる棒を自分が望む長さになるまでかじっていましたし、アーロノヴィチは、ヴェローナのアレーナ（古代の野外劇場）の大空間でもよく見えるように、長さ一メートルの指揮棒を使っていました。

指揮棒は、それを右手に握りしめる指揮者の性格や体の使い方を映し出す鏡でもあります。指揮棒は、口が利けない人と同じように、自分を身振りで理解してもらわなければならない指揮者を助けてくれる唯一の道具であり、燕尾服に身を包んで指揮台に上る指揮者を、観客に素晴らしいマジックを用意している手品師のように見せてくれる、大切な道具なのです。

（1）オーケストラ・ジョヴァニーレ・イタリアーナ：ピエロ・ファッルーリによって一九八〇年に創設された、音楽院を卒業した若手演奏家の研鑽を目的とするオーケストラ。これまで、リッカルド・ムーティ、ダニエレ・ガッティ、ジャナンドレア・ノセダ、そして本書の著者バッティストーニの重要な師であるガブリエーレ・フェッロなどが指揮を執ってきた。

（2）インスペクター：リハーサルやコンサートの進行を管理するマネージャー的な役割を担う人物のこと。楽団員、あるいは事務局の人間が担当する。

（3）セクエンツィア：カトリック教会の典礼音楽であるグレゴリオ聖歌の一ジャンルで、特定の祝日に歌われる〈アレルヤ唱〉に挿入された、華やかな装飾的な音型（＝「メリスマ」と呼ばれる）に歌詞をつけたもの。「続誦」とも呼ばれる。次第に単独で作曲されるようになり、中世に全盛期を迎えた。

「指揮棒」を持って指揮する著者バッティストーニ　©Takafumi Ueno

首席指揮者を務める東京フィルハーモニー交響楽団と　©Takafumi Ueno

第三章　マエストロ

◇　◆　◇　◆　◇　◆　◇　◆　◇　◆

横から伸びてきた手が、そっと僕の左腕を止める。空中分解は回避された。僕の左腕は、まだ第一ヴァイオリンの上をさまよったままだ。

「違うよ、アンドレア君、そうじゃなくて」マエストロ（訳注）が、優しく微笑みかけながら僕にささやく。「すべての音符に音になる時間をあげないと……」。

とまどいながら、もう一度やってみる。音楽はまたしても萎縮してしまう。自由に流れず、呼吸していない。音楽の自然な流れを遮っているのは、僕だ。

「いいかい」とマエストロが言う。僕の横で、指揮台にも上らず、指揮棒の代わりに鉛筆を持って。僕の手の中の指揮棒は、今や場違いな物体、オーケストラの指揮者ごっこをして遊ぶためのオモチャのようだ。

マエストロは、前に居並ぶオーケストラの面々を見渡し、奏者たちの目を惹くために腕を広げる。その腕をちょっと上げると、弦楽器に託された繊細さとおののきが流れ出てくる。

音楽はゆったりと進む。切なげに、だが張りつめて。マエストロはヴァイオリンが奏でる歌を、愛情と献身をもって支える。全身が音楽にインスパイアされている。マエストロの動きは小さいのに、言葉にできないほどの力がみなぎっている。音楽が広がり、激しく鳴り響き、旋律がすすり泣くようなところに来ると、マエストロは両腕を翼のように広げる。奏者ひとりひとりの頭を撫でようとするかのように。そして、宙に羽ばたく音符を胸に抱きしめようとするかのように。

時折、あるパートがオーケストラ全体の流れから取り残されてしまう。すると、マエストロは想像上の手綱を引き締めるように右腕を止める。取り残された彼らが無事に音楽に戻ると、マエストロは再び手綱を緩めて、心に訴えかける、そしてみんなをまとめる動きを再開する。弦楽器の音色のベッドでソロ・パートを自由にくつろがせたかと思うと、宙に握りこぶしを突き上げ、転びそうになりながら救いを求める嵐の中の巡礼者のような身振りで、オーケストラが奏でるひそやかなすすり泣きに寄り添う。

マエストロが不意に腕を下ろして、僕を見た。彼のあざやかな指揮で、音楽にあるイメージと感情をいきなり描き出した時と同じように。

「さあ、やってごらん。シンプルに、音楽の邪魔をしないように、演奏者を支えるんだ。君が泣いてはだめだ。オーケストラを泣かせないと。オーケストラと一定の距離を保ちながら、いつも寄り添っているようにしないと」

どうしたらいいんだろう。マエストロが、自然に、しかも凄まじい集中力で指揮するのを目の当たりにしたばかりなのに。

でも、やってみるしかない。僕がこの音楽について勉強したことや考えていることのすべてを、奏者たちに伝える方法を探ってみる。シンプルな手の動きや、姿勢や、表情を介して、マエストロの動きをちょっと真似しながら。

やってみよう……。

「いいぞ……」。マエストロは叫ぶ。けれど、僕にとっては、満足には程遠い。

マエストロのなかのマエストロたち

音楽家は誰でも、自分が巨人の肩に乗っている小人にすぎないとわかっています。音楽には、とても長い伝統があります。音楽を演奏するために必要なテクニックの秘訣を学ぶということは、私たちより前に大作曲家の作品を究めて、作品を読み解くための鍵を私たちに手渡してくれる先達と向き合うということなのです。

どんな職業でもそうですが、音楽家もまた、人生の途上で、感謝せずにはいられないような愛情を注いでくれ、心からの敬愛の念を捧げられるような師と出会える幸運に恵まれなければなりません。音楽をより深く理解するのは、困難な道のりです。その過程で、そのような師と自分を比較しながら、音楽という仕事の秘訣を習得していくのです。

ピアノやヴァイオリンの優秀な先生を見つけるのは、それほど難しいことではありません。けれど、指揮という特別な芸術を若い弟子に手ほどきし、しかも自身の知識や経験を伝授してくれるオーケストラ指揮者に巡り逢うのは、かなり難しいことです。指揮は、とても個人的な芸術です。マエストロにとっさにひらめいたことが、弟子にも同じようにひらめくとは限りませんし、マエストロが示す振り方は、ひょっとしたら、駆け出しの若手にはふさわしくないかもしれません。テンポの選択についても同じで、両者の意見が食い違うこともあるでしょう。

つまり、いい指揮者になるには、演奏する作品を深く読み込むための鍵を差し出してくれたり、勉強した結果、手に入れたイメージを実現する方法を示してくれるようなマエストロに出会える幸運が必要です。幸いにも私自身は、この幸運に恵まれました。これまでの人生で、素晴らしい才能を持ち、人間的にも芸術家としても誠実なオーケストラ指揮者たちと出会うことができたのです。彼らは、私を啓蒙し、音楽の道へと導き、自らの経験や知識を伝授してくれました。

たとえばエンニオ・ニコトラは、音楽をきちんと表現すると同時に、オーケストラ全体の正確な基準点にもなる明快な身振りを教えてくれたマエストロです。どんな振り方をすれば、オーケストラがひとつにまとまって、指揮者の意図に的確に反応してくれるのか？　どうしたら、オーケストラ全体に同じテンポを徹底したり、あるいは急に速くしたり遅くしたりできるのか？　どういう身振りをすれば、音楽の雰囲気や色彩を奏者たちに示せるのか？　このような問題を解決するために、私はニコトラといっしょに、作品のスコアを分析し、無駄のない正確な表現ができる指揮法を探し求めました。マエストロ・ニコトラを介して、私はロシアの偉大なる伝統の継承者であるイリヤ・ムーシンの洞察力をも学ぶことができたのです。私がスラヴ音楽やスラヴ出身の不滅の作曲家たちが大好きなのは、ニコトラのおかげです。

ここ数年、私が順調にステップアップできたのは、フィエーゾレの音楽院の講義で出会ったガブリエーレ・フェッロの指導のおかげです。マエストロ・フェッロは情熱と感受性にあふれ、聴き手を夢中にさせる才能を持った音楽家で、作曲家がスコアに記した記号を深く読むことの重要性と、音符と音符の間に存在する演奏に生命を吹き込む魔法を、細心の注意を払って探求することを教えてくれました。マエストロ・フェッロの指揮は実に素晴らしいものです。時に非常に柔軟で、時に素早く明快で、一糸乱れることなく、オーケストラを統率していくのです。私は、独特で表現力豊かな彼の動作のニュアンスを自分のものにしようと、かなり長い間、マエストロ・フェッロをまねることに熱中しました。彼の体は絶えず細かく震えて、全身を使って感情を表現し、爆発させます。それができるのは、彼が音楽の文脈を深いところまで理解しているからなのです。私は彼に倣《なら》って暗譜で指揮するのが好きですが、それは、長い時間をかけて掘り下げてきた音楽と一体になれるからです。

私がフランツ・シューベルトの音楽を好きになれたのは、フェッロのおかげです。子供の頃は、あまり好きではありませんでした。シューベルトの音楽の本当のよさがわからなかったのです。彼の作品はシンプルで、どれも似たり寄ったりで、甘ったるく、女々しいように感じられました。マエストロ・フェッロと《未完成交響曲》、とくに《交響曲第二番》を研究したおかげで、私はようやく人間シューベルトの奥深さやフラストレーション、そして彼の俗謡や童謡への愛情に気づくことができました。ある時は薄く、ある時は濃密になるシューベルトのオーケストレーションの裏には、死への渇望がひそんでいます。今では私は、多くのコンサートでシューベルトの作品を指揮していて、どの作品も大好きです。

若手の指揮者が最初に腕試しをするジャンルが交響曲だとすると、同じように大切なのがオペラの世界です。修行時代にはなかなか体験できない、複雑で難しい分野です。オペラの経験を積むために劇場をまるごと練習に使える若手指揮者なんて、どこにいるでしょう？

私がオペラ指揮者としてデビューできたのは、マウリツィオ・バルバチーニのおかげです。私の修行とキャリアを大きく前進させてくれたマエストロ・バルバチーニとの出会いは、まったくの偶然でした。私の母が、マエストロの夫人と音楽学校時代の同級生で、ある日スーパーでばったり出会い、家族の話になったのです。母が、私がオーケストラの指揮者として勉強を始めたことを打ち明けると、夫人は、自分の夫はマエストロ・バルバチーニだと教えてくれ、マエストロに、私の演奏会のＤＶＤを見せると約束してくれました。数日後、マエストロは私に会ってくれて、バーゼル歌劇場で上演されるプッチーニの《ラ・ボエーム》の公演を手伝わないかと声をかけてくれたのでした。

第五章でも触れますが、オペラ公演のシステムは、交響曲などを演奏するコンサートのシステムよりずっと複雑です。オペラを指揮するにあたっては、とても伝統的でイタリア的なやり方、つまりオーケストラは、歌手が最高の力を発揮できるよう、彼らのサポートに徹しなければならないことを理解しておかなければなりません。

マエストロ・バルバチーニは、オペラのそんな伝統を私に教えてくれました。合唱団とオーケストラから成る大集団を前にして、ソリストたちがのびのびと明瞭に、表現豊かに歌えるには、どんなテンポ、どんな振り方がふさわしいのか。私はひと夏の間、バーゼル歌劇場でマエストロのアシスタントを務めましたが、これが私のオペラ初体験でした。キャスティングされた歌手の練習を手伝ったり、演出のリハーサルに立ち会ったり、合唱やオーケストラのリハーサルをしたり、第二幕の舞台上で演奏する楽団の指揮をしたり、はてはリハーサル中に気分が悪くなった歌手の代役までやったのです。

この経験は、オペラを上演する時のいろいろな秘密を習得するのに、とても充実した、そして収穫に恵まれたトレーニングとなりました。この時に得た知識は、今、オペラの公演に携わる時に、さまざまなことをコントロールする基盤となっています。このアシスタントとしての修行期間の後で、私はオペラ・デビューを飾ることができました。初めてのオペラを短時間で経験できたのはとても幸運で、その後、オペラを指揮するオファーがたくさん舞い込み、プロとしてスタートを切ることができたのでした。

このようなわけで、自分が経験した幅広いオペラのレパートリーを、それに関してまだ何も知らない私と分かち合ってくれたマエストロ・バルバチーニには、とても感謝しています。その上マエストロは私に、世代を超えて受け継がれた知識を身につけさせるために、オペラの音楽を決定するもっとも重要な場所である指揮台をも、経験させてくれたのでした。

私はさらに、多くの偉大なマエストロのもとで研鑽を積むことができました。たとえば、火山のようにエモーショナルな音楽家であるジャナンドレア・ノセダ。オーケストラを鍛え上げる腕前については、彼の右に出る指揮者はいないでしょうし、その演奏は強烈で、情熱に満ちています。アルベルト・ゼッダは、非常にデリケートで演奏するのに骨が折れるロッシーニのスペシャリストで、そのベルカント唱法や演奏スタイルの巨匠です。偉大なユーリ・テミルカーノフは、メランコリックな微笑みをたたえた、思わず惹きつけられる存在感を持った指揮者で、コンサートでもオペラ公演でも深い感銘を受けました。世界的に知られた音楽の殿堂のひとつであるサンクトペテルブルグのフィルハーモニーホールにデビューできたのは、マエストロ・テミルカーノフのおかげです。

一方で、最近の指揮者たちは、かつてはなかった幸運に恵まれています。それは、録音を通じて、先達の仕事を学べることです。

一九三〇年代に始まった録音という作業のおかげで、私たちは偉大な巨匠たちが演奏史に残した業績に触れられるようになりました。録音が一般的になったために、音楽はもはや再生不可能なイヴェントではなくなったかもしれませんが、一方で私たちは誰でも、過去の音楽家たちが残した名演奏の数々を心ゆくまで楽しみ、研究したり目標にしたりすることができるようになったのです。

指揮台のレジェンドたち

歴史上もっとも偉大なオーケストラの指揮者は誰でしょう？　この質問に答えるのは、とても難しいことです。芸術は、その功績をランク付けできるようなものではありませんし、どの指揮者を好むかは、多分に個人的な趣味に左右されます。指揮者のどんな面を評価するかは、人によって違うのです。

ここでは、私が今なお深く影響を受け続けている三人のマエストロをご紹介しましょう。初めて振る曲に挑戦する時には、必ず彼らの録音を聴くことにしているマエストロたちです。

録音を聴くことで、音楽の密度が濃く、解読に骨の折れるスコアを前にした時に湧いてくる多くのジレンマに、彼らがどう対処しているか、探ることができるのです。

過去を遡れば、私たちが聴くことのできる素晴らしい音楽家は、膨大な数にのぼります。そのなかでも、今日もなお大きな影響力を持つ巨匠のなかの巨匠たちには、たとえば以下のようなひとたちがいます。確信に満ちたエキセントリックな指揮をしたレナード・バーンスタイン、人間離れした洞察力を誇ったカルロス・クライバー、哲学的なアプローチが得意だったセルジュ・チェリビダッケ、チェリビダッケとは対照的に、肉体的かつ熱狂的なアプローチをしたディミトリ・ミトロプーロス。彼らは、数多くの魅力的な指揮者たちの、ほんの一部にすぎません。

アルトゥーロ・トスカニーニ、偉大なる「おじいちゃん」

演奏の録音を始めた最初の世代のマエストロのひとりであるアルトゥーロ・トスカニーニ

(1867－1957)は、私たちイタリア人指揮者にとって、正真正銘の「おじいちゃん」です。

トスカニーニは、ずばぬけて厳格で力強い解釈によって、オーケストラのスタンダードナンバーを格別な一曲へと格上げし、当時としてはまったく斬新なレベルへと引き上げました。彼の演奏は、その正確さ、深さ、表現の強烈さによって、たちどころに絶対的な手本となったのです。音楽においても人間としても抜きん出た指揮者だったトスカニーニは、人として、そして芸術家として厳正であることの好例でした(彼は勇気を持ってファシズムに異を唱え、芸術の自由という旗印のもと、激しく抵抗しました)。そんなトスカニーニは、完璧さを追い求めるあまり、生まれ故郷のパルマの方言で侮辱的な言葉を投げつけることもありましたし、各国から集まった演奏家を唖然とさせてしまうほど、オーケストラを締め上げることでも有名でした。

真実は、伝説の向こう側に存在します。遠い過去の指揮者なのに、トスカニーニの音楽は生き生きとしていて現代的で、私たちに直接語りかけてくるのです。

フルトヴェングラーからメンゲルベルク、クレンペラーまで、トスカニーニと同時代の指揮者による多くの偉大な演奏は、当時の音楽家のレベルがとても高かったことを教えてくれます。けれど彼らの演奏は、やはり往年の演奏であり、十九世紀の後期ロマン派的な決まりごとに従っているように感じられます。トスカニーニの録音はいつも、まるで先週録音したかのように新鮮です。トスカニーニにとって、唯一のよりどころはスコアでした。彼の解釈は時代を超越しており、演奏は強烈なのに重々しくならず、むしろきわめて効果的で、決断は大胆です。だからトスカニーニの演奏は、刺激的で感動的なのです！

トスカニーニの録音を聴くのが大好きです。ヴェルディやプッチーニ、リヒャルト・シュトラウス、ドビュッシーといった作曲家と実際に面識があり、その意図やアドヴァイスを解釈に取り入れることができた不滅のマエストロと、会話しているような気分になれるからです。

幸運なことに、彼の指揮の様子を観察できる古い映像が残されています。トスカニーニは、昔風の、硬く鋭い体の動かし方をします。兵士をきちんと整列させようとしている将軍のようです。長い指揮棒が宙を切り裂き、注意深い目が音楽家たちを監視しています。当時八十代に達していたこの小柄な男は、時折、音楽の力に突き動かされ、飲み込まれてしまうのです。熱意に支配されるままに体を小刻みに動かし、メロディを口ずさみ、楽器や歌手といっしょに歌い始めるトスカニーニ。録画や録音に注意深く耳を傾けてみると、演奏家たちの声や演奏に混じってトスカニーニの声を聞き取ることができます。彼の中に息づいている情動があふれ出てきて、こらえきれなくなると、歌い出してしまうのです。

トスカニーニは、完璧な演奏を追い求めて徹底的に練習を重ねることでも有名で、オーケストラの団員を厳しく叱責し、震え上がらせていました。今では考えられないことですが、リハーサルは兵舎のような雰囲気でした。目立ちたがり屋で、リハーサルの最中に口を挟まれるのを嫌っていましたが、一方でトスカニーニは、よく知られているクラシック音楽のスタンダードナンバーから自分と同時代の作曲家の作品まで、指揮するすべての音楽に、誠実で揺るぎない愛情を注いでいました。疲れを知らない彼の努力は、その時代には想像できないような素晴らしい演奏へと結実します。簡潔さとテンポの正確さが、卓越した表現力と一体となった時、慎ましいパルマの音楽家は音楽のアイコンへと変貌するのです。

トスカニーニは、演奏される作品のアイデンティティより演奏者の自己主張が優先されるような、伝統的に行われてきた誤った解釈を排し、今日的な解釈で作曲家の遺産にアプローチしようと試みた先駆者のひとりでした。彼は、五線譜に作曲家が刻んだことに対して可能な限り敬意を払い、真の解釈を探求しつづけたのです。

ヘルベルト・フォン・カラヤン、まさしくマエストロ

過去の指揮者たちの天空に輝く、私にとってのもうひとりのスター。それはヘルベルト・フォン・カラヤン（1908－1989）、そしてカラヤン伝説です。

カラヤンは、長いキャリアを経て輝かしい地位に到達した巨匠というだけの人物にとどまりません。彼は、全能の創造者であるオーケストラの指揮者という存在でありながら、自家用ジェット機で世界を飛び回る上流階級の人たちと交際した、「伝説の指揮者」というイメージを創り出した魅惑の存在でもあります。オーケストラの調教師なのに、ヨット遊びが好きで、最新のポルシェの脇に燕尾服姿で立っている写真があったりします。ヘアスタイルをビシッと決めた横顔は端正で、無我の境地に達したかのように目を閉じ、表現力とコミュニケーション能力に富んだ身振りで指揮をしました。イメージ、イメージ、そしてまたイメージ……。カラヤンは間違いなく、音楽史上もっとも偉大な気取り屋のひとりです！

そんな「イメージ」は別として、カラヤンの解釈はまったくもって天才的です。彼は、マニアックなほどオーケストラの音色にこだわり、科学技術を駆使した録音機材を使って、甘いピアノから強烈なフォルテまで、ビロードのように優美で、同時に完璧な、音楽のユートピアを追い求めました。

カラヤンは、桁外れの魅力を持つ音楽家です。耽美主義者であると同時に、計算し尽くした外見の向こうに、超人的な人格と、人を夢中にさせる音楽家のとてつもない力が身震いしているのが感じられます。

子供の頃、カラヤンが子飼いのベルリン・フィルと録音したベートーヴェンの交響曲を聴くたびに、興奮がおさまりませんでした。第五番の冒頭でレコードの振動を感じると、胃袋をつかまれたような気分になりました。そして第九番。最後の合唱のあたりでは、ほとんど涙ぐんでしまったものです。それはよりよい世界を求める、正真正銘の人間の叫びなのです。

指揮台のカラヤンは、冷静な分析がもたらす苦悩と、瞑想との間を行き来しています。彼の動きはとても柔軟で、奏者たちをうまく呼吸させ、伸びやかで表情豊かな音符を生み出します。しかしカラヤンは一方で、突然荒々しく攻撃的になり、恐ろしい音の嵐を巻き起こすこともできました。オーケストラは限界ぎりぎりまで研ぎ澄まされ、興奮を呼びさまし、ひとを夢中にさせる音楽を作り出すのです。

二十世紀の後半、カラヤンは録音技術がもたらす可能性に夢中になり、交響曲からオペラまで、主要なレパートリーを繰り返し録音しました。その回数はダントツです。隅々まで研究しつくされた音響は芳醇で、うっとりするような美しさをたたえ、ある時は生き生きとした、ある時はヴェールがかかったようなニュアンスに彩られています。

カラヤンは、世界有数のオーケストラを前に、どんなに複雑なスコアでも暗譜で振って、最高の演奏をしていました。それでいて、ジェット機の操縦をしたり、ヨットレースに参加したり、さらにパーティに顔を出したりもしていたのです。どうすれば、そんなことができるのでしょう。彼の途方もない頭脳は、いまなお最大の謎です！

レオポルド・ストコフスキー、ミッキーマウスのお友達

これほど物議を醸した音楽家を、音楽史の真のアイコンのひとりとしてここにあげることには、異議を唱える人もいるかもしれません。けれど誰でも、ストコフスキーの名前は知っています。ウォルト・ディズニーの映画『ファンタジア』で、スクリーンに映し出されないオーケストラを薄闇のなかで霊媒師のように振っている指揮者こそ、ストコフスキーです。『ファンタジア』に登場する、ポール・デュカスの《魔法使いの弟子》の場面では、画面のなかで「魔法使いの弟子」として活躍したあのミッキーマウスと、曲の最後で楽しげに握手を交わしています。

ストコフスキーは、もっとも手厳しい批判にさらされ、故意に忘れ去られた指揮者のひとりです。今日では、書かれたテキストや、スコアに記された指示に従うことは当然とされていますが、この疑惑に満ちたマエストロは、時折、自分の好みに合わせて、大作曲家の作品を書き換えていたようです。確かに彼は、オーケストレーションに手を入れたり、必要がないと思う部分をまるごと削除してしまったり、その時々の思いつきで勝手にテンポを変えたりしていたのでした。

ストコフスキーはまた、自分を宣伝することが異常なほど好きで、ハリウッド映画（歴史に残るキッチュなミュージカルの傑作『オーケストラの少女』）やテレビ番組に出演し、そのことでも音楽の純粋主義者たちから攻撃されました。

それでも私は、この指揮台の役者の魅力に抗うことができないのです。

ストコフスキーの場合も、伝説や定説の向こう側を見なければなりません。彼は、楽器としてのオーケストラを熟知していた数少ないひとりでした。もともとはピアノ曲であるベートーヴェンの《月光ソナタ》や、オルガン作品であるバッハの《トッカータとフーガ・ニ短調》のような作品を管弦楽用に編曲した版にみられる、非常に独創的であると同時に議論の的になった彼のオーケストレーションは、その証明です。つまり彼は、自分で楽器を弾いているかのように、オーケストラを指揮することができたのです。

ストコフスキーは鮮やかな腕前でテンポを自在に操り、俗っぽくも魅力的な演奏効果を追求していました。このような才能をショウマンとして発揮したことで、彼はアメリカの聴衆から絶大な支持を得ましたが、一方で、楽器奏者が創り出す響きに関しては、満足することを知らない指揮者でもありました。彼が創り出す響きは魅惑的で、うっとりさせられますが、とくに半音階の音色の豊饒さは、他の追随を許しません。その音色の多彩さと表現力は、彼が実際に演奏し、得意とした、ヴィクトリア朝時代の大オルガンの音色に触発されたものです。ストコフスキーは、このオルガンの素晴らしい音色の秘密に精通していました。

魔法使いのような天賦の才と、楽器の華々しいヴィルトゥオジティへの偏愛。エキセントリックな人柄で、聴衆の気を引くために、わざとエキゾティックなスラヴ風アクセントで話すことが大好きだった英国人のマエストロは、人当たりのいい外面の裏に（グレタ・ガルボとのロマンスも含めて……）真の芸術家としての本質を隠しています。彼については、今日、なお研究と評価がなされなければなりません。ミッキーマウスの一件はともかくとして……。

（1）　マエストロ：音楽家、指揮者、作曲家に対する呼称のほかに、「（小学校の）先生、教諭」、「師匠」、「工匠」、「親方」、「巨匠」という意味もある。ここでは「音楽家、指揮者、先生」などを意味している。

第四章　大いなる挑戦～作曲という仕事

◇　◆　◇　◆　◇　◆　◇　◆　◇　◆

白いままの紙……。作家なら誰でも人知れず抱える悪夢だが、それは作曲家も同じだ！

五本の横線が引いてある楽譜用の紙、五線紙は空っぽの鳥かごだ。そこに、ひらひらと舞う蝶のように、今にも逃げ出しそうな音符をとどめていく。捕まる前は、どこをさまよっていたのだろう。作家が文章を書くように、作曲家は音符を使って、音楽の厳密なルールを守りつつ、互いに一貫性のあるフレーズを構築する。それだけではなく、聴き手を作曲家の心の奥底まで連れていき、彼らの心を動かすことができなければならない。

自らの作品を聴衆に提示することは、隣人を絶対的に信頼しているからこそできることだ。おそらく文章にするよりはるかに深い洞察力をもって、音楽で自分自身を語ることができる創り手、つまり作曲家には、ある種の恥じらいがある。音符は、創り手の魂から直接、聴衆や演奏者の魂に響く。誰もが、彼の心の深い部分を見つめることができるのだ。

それほどまで誠実に自分をさらけ出すことは、簡単ではない。

ピアノに向かっているのに、五線譜は白いまま、誇らしげに僕に対峙している。今日も、心にうごめいているものを表現するのにふさわしい声を見つけることは叶わなかった。仕方がない。その時を待とう。

作曲は、たいへんな作業だ。気力、体力を消耗する。オーケストラの指揮者という仕事も、作曲家の仕事以上にたいへんだ。作曲家は、自分を明確に語る表現を求めて、地の果てまでも探しまわる。だが一方で、指揮者として、音楽史に名を連ねる偉大な作曲家たちの音楽に日常的に向き合っていると、作曲家としての表現を探し求めることはとても難しくなる。先達の天賦の才に、到達できないレベルの作品に打ち負かされ、自分が哀れになってきて、創造する気力を失ってしまうのだ。

今日は、何もできなかった。五線譜は白いままだ……。僕の本棚に堂々と並ぶたくさんのスコアに、改めて感嘆してしまう。抜きん出た才能が苦闘の末に書き上げ、苦悩や内なる葛藤を経て、赤裸々に吐露した何億もの音符に。

そのうち、僕のことを音楽で語る時が来るだろう。今のところは、いつものように、憧れの先人たちが残した不滅の作品に助けてもらおう。宇宙のように深遠で、どんな人にも

大作曲家たち

音楽史に残る偉大な作曲家たち、何世代にもわたって後世の作曲家や聴衆に影響を及ぼした不滅の音符を書き残した人たちのことを考えると、あるイメージが浮かんできます。劇場の欄干にずらりと並んで、厳しい視線を投げかけてくる、銀色に輝く胸像の数々。彼らの足跡と私たちの歴史への貢献は、決して消えることがありません。

そんななかでも、ひときわ輝きを放つ胸像がいくつか存在します。私たちに素晴らしい傑作を残してくれたという名誉を担う作曲家たちです。それらの作品は、ある様式や規範の手本となり、またその驚異を解き明かそうと、何世紀にもわたって研究や分析が積み重ねられてきました。

このような作曲家たちは、音楽史のそれぞれの時代を代表しています。彼らがいなかったら、歴史のシナリオは、私たちが知っているようなものにはならなかったでしょう。

ヨハン・セバスティアン・バッハ（1685－1750）：ビッグバン

近代音楽史に燦然と輝く、一番星のきらめき。その閃光こそ、バッハです！　私たちが今聴いている音楽は、有名ではあるものの、実のところはその実像があまり知られていないこの作曲家から、命を授かりました。

肖像画に見るバッハは、カツラを被り、かすかな微笑みを浮かべた、温和な善人風の人物です。その雰囲気は、十八世紀初めのドイツにいた、紳士的で威厳ある市長を想像させます。実際、良き市民バッハの生活はかなり質素でした。もっぱらドイツの教会や宮廷、教会付属の学校で人生を過ごし、音楽活動と密着した日々を送っていました。音楽家の一族に生まれ、人生の大半をカペルマイスター（訳注1）として過ごし、十七世紀から十八世紀初めのカペルマイスターのあるべき姿を完璧に体現しました。式典に演奏される曲を作曲し、教会付属学校で音楽とラテン語を教え、オルガンの管理までも任されていたのでした。

バッハは、オペラや流行りの音楽に取り組んで富や名声を得たテレマンやヘンデルといった同時代の作曲家が享受した聴衆の喝采とは無縁でした。安定した仕事を得た上で、音楽の探究を続ける道を選んだのですが、だからといって安定した地位に胡坐《あぐら》をかいたり、他の多くの作曲家のように、ただ時代の流行に合わせるようなおざなりな仕事はしなかったのです。

彼は、オペラを除くあらゆるジャンルの音楽を手がけました。器楽作品では、独奏楽器のための作品（《ヴァイオリンのためのパルティータ》《無伴奏チェロ組曲》など）や、独奏楽器とオーケストラのための協奏曲（《ブランデンブルク協奏曲》は、当地の宮廷音楽家になれるかもしれないという期待をこめて、ドイツのブランデンブルクという町のオーケストラのために作曲しました）などが有名です。声楽作品では、独唱、合唱とオーケストラのための大規模な宗教音楽である「受難曲」（これは、復活祭前の四旬節（訳注2）の礼拝で、キリストの死について信徒に向かって語りかけ、それを分かち合う目的で書かれました）、やはり独唱、合唱とオーケストラを伴う礼拝用の作品「カンタータ」（ここでは、聖書のメッセージが深く考察されています）（訳注3）が代表的です。教会音楽の主な作品には、ほかに《ロ短調ミサ曲》《マニフィカト》があげられます。

この天才の音楽は、さまざまな目的のために書かれました。注文主である貴族の気晴らし用、若い音楽家の教材用、芸達者なアマチュア音楽家の腕試し用、ルター派の礼拝を彩る役割を担ったもの。編成や用途がこれほど異なるのに、どの作品も素晴らしいのはなぜでしょう？　その理由はまず間違いなく、研究しつくされた幾何学的なフォルムの完璧さと、掘り下げられ、じっくり考えられた豊かな表現の息を飲むような美しさが、人間業とは思えないレベルでバランスを保っていることにあります。

バッハは、対位法の最高の巨匠でした。対位法とは、複数の旋律を完璧なハーモニーで同時に響かせる技法で、芸術的な幾何学によって作られた層です。有名な〈Fra Martino campanaro〉（訳注４）はその一例です。輪唱しても、きれいに重なるでしょう。これが初歩的なカノンで、対位法の形態のひとつです。バッハはそれを駆使して、非常に複雑なレベルまで磨き上げたのです。

テーマ（主題）の進行を追いかけながら、バッハのフーガのスパイラルに身を任せるのは、気持ちのいいものです。テーマが二つになり、三つになり、そして無数の音楽的な動きが積み重なった雑踏へと発展していきます。まるで、たったひとつのきらめきから星雲が生まれて、感情の一大有機体へと膨らんでいくのを見るようです。

なぜバッハは、重たくて、真面目くさった、とっつきにくい音楽を書いた人だと思われてしまうのでしょう？　原因は、私たちの、彼の作品へのアプローチの仕方にあります。私たちの音楽的な好みは、ある意味、ロマン派の音楽の見方に毒されてしまっています。ロマン派の作曲家は、自分の心情を吐露したり、情熱や炎に満ち、コミュニケーション能力にあふれた語法を駆使して、作曲家の内面を表現しようとしました。もちろん私自身は、このようなタイプの曲を聴いたり、演奏したりするのは大好きですけれど。

しかし、バッハの音楽は、そういう音楽とは別物なのです。バッハの音楽は、テンションの高いロマン派の音楽からはるかに時を遡ったところに位置しています。バッハは音楽に、神の創造物の完璧さを、秩序の美しさを映す鏡を見ていたのです。

バッハは、形式のバランスを探求し、理路整然とした思考から生まれるルールにのっとったメカニズムの魅力を追求しました。しかし、ある作曲家が不滅の存在になるには、これだけでは不十分です。バッハは、言葉では説明できない深遠さと、威厳と人間性に満ちた苦悩と、決して俗っぽさに陥らないきらきらした歓びとを併せ持った時計屋の機械仕掛けに、命を吹き込んだのです。

層を積み上げることが好きな作曲家は、オーケストラを愛さずにはいられません。紙に書かれたさまざまな響きの城を実際に組み立てることができるのは、オーケストラなのですから。バッハもまた、オーケストラという有機体のために、多くの作品を書きました。

《管弦楽組曲第三番》をぜひ聴いてみてください。この作品は一七一八年頃、アンハルト・ケーテン侯国のレオポルト侯の宮廷楽団のために作曲されました。音の効果と楽しさを念頭に置いた作品ですが、彼のそのほかの曲を聴くための最高の手がかりになってくれるかもしれません。

荘厳で堂々とした〈序曲〉では、前述したテーマの追いかけっこの一種であるフガートが聞こえてきます。一方、〈G線上のアリア〉として編曲もされた有名な〈アリア〉は、バッハがこよなく愛したイタリアの様式へのオマージュで、かすかにノスタルジーも感じさせ、とてつもなく魅力的です。

当時流行していた舞曲の躍動的なリズムは、続く〈ガヴォット〉〈ブレ〉〈ジーグ〉に登場します。ここでは、ナチュラル・トランペット（現在のトランペットとはまったく異なるもので、ピストンはなく、管はまっすぐ。唇の形だけで音を吹き分けるので、卓越したテクニックが要求されます）の鮮やかで高らかな音と、ティンパニが鳴り響きます。近代音楽の父

J.S バッハ：管弦楽組曲第3番、序曲

J.S. バッハ：管弦楽組曲第3番、アリア

の微笑みが見え隠れする、祝祭的なファンファーレのようです。

後世の作曲家たちはみな、この作品を、人間離れしたプロポーション、表現力に富んだ統合体、幾何学的な完璧さのお手本とみなしました。私たちには、厳格な外見に隠れているものの、実は宇宙の鏡であるバッハの創造を味わう特権があります。彼の作品は、ステンドグラスの虹色に染まったゴシック様式の薄暗いカテドラルを思わせます。そのステンドグラスのきらめきに、真実の感情に触れるような深いものが隠されているのです。

J.S. バッハ：管弦楽組曲第３番、ガヴォット

ルートヴィヒ・ヴァン・ベートーヴェン（1770－1827）：なぜ？

ベートーヴェン、明けても暮れてもベートーヴェン！

ピアノをつっかえつっかえ練習して、友達をあっと言わせるのに最適な曲は？〈エリーゼ

のために〉。

ハリウッド映画に出てくる涙を誘うシーンのBGMは？　《ピアノ協奏曲第五番「皇帝」》第二楽章 アダージョ・ウン・ポコ・モッソ。

食後酒アマーロのテレビCMにふさわしい曲は？〈ヴァイオリンのためのロマンス〉。

ヨーロッパ統合を祝う曲は？《交響曲第九番》の〈歓喜の歌〉（プラスチック製のリコーダーではなく、合唱とオーケストラで演奏されたもの。ちなみにユーロヴィジョン・チャンネルのニュース番組のテーマ曲は、シャルパンティエの《テ・デウム》）。

悲しみの極みでは？《交響曲第七番》第二楽章 アレグレット。

ヒーローの追悼には？《交響曲第三番「英雄」》第二楽章（葬送行進曲）（バーバーの《弦楽のためのアダージョ》といい勝負ですが）。

そういえば「ベートーヴェン」という名前は、一九九二年に公開された子供向けの素敵な映画の主人公であるセントバーナード犬にもつけられていました……。

ディスコでも、ベートーヴェンは引っ張りだこです。映画『サタデー・ナイト・フィーバー』でジョン・トラボルタが踊りまくっていたのは、《交響曲第五番》のリミックスでした。この曲の冒頭はドラマティックな驚愕とか、コントロールできない宿命の力などとの同義語になり、戦時中にはラジオ・ロンドンのテーマ音楽として使われていましたし、ドラマのワンシーンから友達との会話まで（厄介な奴が登場すると、みんなで「ジャジャジャジャーン」と呟いたものです）あらゆる場面で、使われすぎていると言いたくなるくらいに使われています。

落ち込んだ時は？　ドライブインにもＣＤが置いてある《月光ソナタ》が、心の傷を癒してくれるでしょう。もし、キヨスクでクラシック音楽のＣＤ全集が売り出されるとすれば、第一弾はベートーヴェンのコレクションになるのではないでしょうか。

ベートーヴェンは、本人はそう望んでいなかったにもかかわらず、ポップでもあります。『アマデウス』という有名な映画や、チョコレートにもなっているモーツァルトほどではないかもしれませんが。

ジム・モリスンばりのふてくされた顔（髪型も似ています）。耳の難病、不遇な生涯を生き抜いた伝説的な才能。誰もが、ベートーヴェンのことを知っています。ベートーヴェンは有名なのです。でも、その理由は？

それほど独創的ではないのに、ベートーヴェンのメロディは一生、頭に刻まれてしまいます。なぜでしょう？

凡庸な作曲家なら、ありふれて大げさに聞こえるパッセージが、ベートーヴェンの手にかかると英雄的な悲劇性を醸し出すのは、なぜでしょう？

いつも周到で洗練されているとは限らないベートーヴェンのオーケストレーションが、どんな冒瀆にも堪えて私たちを圧倒するのは、なぜでしょう？

時代に左右されない、晦渋で崇高なベートーヴェン後期の作品を、実験的で大胆な作品で凌駕した作曲家はまだ登場していないように思えるのは、なぜでしょう？

私には、その答えはわかりません……。多くの人がその答えを見出そうとしたにもかかわらず、技術的には答えられない疑問がいくつもあるのです。

非常にシンプルな素材によるテーマを、大胆で革新的な構造のなかで変化させていく、ベートーヴェンのマニアックで天才的な構築性が見られる展開部については、話し始めるときりがありません。後の世代に残された、あまりにも膨大な知的財産についても同じです。しかし、なぜ、クラシック音楽を初めて聴くひとも通のひとも、音楽学生もプロの演奏家も、みなベートーヴェンの音楽に心を動かされるのでしょうか。その問いに、満足な答えを出すことは不可能です。

モーツァルトの親しみやすさでもなく、チャイコフスキーやマーラーの表現力でもなく、ロッシーニの序曲や、新年に演奏されるヨハン・シュトラウスのワルツのワクワク感でもありません。バッハの観念的な魅力でもなく、シューベルトの形式上の妄想でもなく、ブルックナーの記念碑的な巨大さでもなく、ブラームスの深遠さでもありません。ベートーヴェンは、そういったことを超越しています。その音楽の全貌を把握することなど不可能なのに、彼の音楽はあまりにも明瞭なのです。ベートーヴェンは、そこに「いる」。そう、ベートーヴェンは私たちのために、そこに「いる」。というより、その音楽はダイレクトに私たちのために書かれたように感じられるのです。私のために、そしてあなたのために……。観客のためではなく、人類のために。むとんちゃくな聴衆のためにではなく、音楽で結ばれている兄弟のために。

おそらく、秘密はここにあります。ベートーヴェンは、天賦の才からというより、ひとりの人間の使命として、自らの考えを、心の内奥を、神々しい天上と底知れない海淵に引き裂かれ、友愛の歌と好戦的な激情のあいだをさまよう自身の人格を、初めて音符にして紙に書き留めた作曲家なのです。彼はいわば、自分の人生を私たちと分かち合ったのです。ベートーヴェンは、音楽のために自分を犠牲にし、並外れた知性が生み出した遺産を後世に残すために自己を滅却し、自然や運命や宇宙の前では裸で無力な人間の真実の声を見つけ出すために、批判を恐れずにあらゆる束縛から音楽を解き放った、偉大な精神なのです。

ベートーヴェンの音符を、大切な贈り物として聴いてみましょう。場違いなところに作品を使っても許してくれるよう、願いながら。モーツァルトなら、自分の名前がチョコレートに使われても笑い飛ばすでしょうけれど、ベートーヴェンなら困惑するかもしれません。彼は私たちに、自分の壊れやすい魂を、光彩に包んでまるごと贈ってくれました。それにただ、耳を傾けようではありませんか。静かな感謝の気持ちで彼をリスペクトすれば、それで十分なのですから。

Froh, wie seine Sonnen fliegen
Durch des Himmels prächt'gen Plan,
laufet, Brüder, eure Bahn,
freudig, wie ein Held zum Siegen.
……
Seid umschlungen Millionen!
Diesen Kuss der ganzen Welt!

《交響曲第9番「合唱付き」》の最終楽章
ベートーヴェンによって曲がつけられた
フリードリヒ・フォン・シラーの〈歓喜に寄せて〉より

華麗なる天空を
天の星々が朗らかに飛びゆくように、
勝利に向かう英雄のように喜々として
仲間たちよ、自らの道を進め

抱き合え、諸人よ！
この口づけを全世界に！

曽我大介訳　（音楽之友社刊、曽我大介監修・編「交響曲第9番終楽章」より転載）

エクトル・ベルリオーズ（1803－1869）：近代オーケストラの誕生

ベートーヴェンの死とともに、作曲家たちは、彼が獲得した領域と彼が成し遂げた革新とを引き継ぎながらそれを超えていくという、今なおさまざまな面でたいへんな挑戦に向き合わされることになりました。

エクトル・ベルリオーズは、間違いなく、ベートーヴェン的な革新を引き継いだ最初の作曲家で、正真正銘の後継者です。

ベルリオーズは、このボン生まれのマエストロの作品、とりわけ交響曲に魅了され、また同時代の多くの作家の作品を読んで、ロマン主義文学に親しみました。彼は、独創性や、豊かな想像力がもたらす表現力、そして何より、楽器の使用法において未来への試金石となったオーケストレーションの腕前で、同時代の作曲家から抜きん出ています。「空想好きなロマン主義者」。ベルリオーズはそう呼ばれました。《田園交響曲》で、自然の美しさから感じたものを音楽によって語るために、さまざまな方法を駆使して田舎の情景を描写したベートーヴェンに倣《なら》い、ベルリオーズは、自身のインスピレーションが正確に伝わる助けになるように、文字で書かれたストーリーを音符にして聴衆に聴かせることを思いつきます。

彼は、人間の内面をあますところなく伝える音楽を紡ぎ、ベートーヴェンが刻んだ轍をたどります。ほんの少し前までは貴族の特権だった音楽を、貪欲に聴こうと待ち構えているフランス革命後の大勢の聴衆にとって、ベルリオーズの音楽は魅力的で、心に訴えるものでした。

新しい交響曲を発表する演奏会は、一大イベントでした。有能なプロモーターでもあったベルリオーズは、彼の最初の傑作となった《幻想交響曲》のお披露目に際して、聴衆の好奇心をそそるために、成功を約束する要素となる魅惑的なストーリーとゴシップを提供したのです。

実際ベルリオーズは、シェイクスピア劇団の主演女優で、公演のためパリに来た英国人女優ハリエット・スミスソンに首ったけでした。彼女を口説き落とすために、自伝の作者よろしく自分の恋心をさらけ出し、彼女に捧げられた曲であることが明らかな交響曲の初演に、ハリエットを招待したのです（訳注5）。ハリエットへの愛に霊感を受けて作曲された第一楽章について、彼は自身の心の奥底の動揺、欲望、激情を記しています。つまり彼は、公衆の面前で愛を告白しているのです。

ハリエットは曲中で、つかみどころがなく狡猾な「テーマ」へと姿を変えています。ベルリオーズはそのテーマを、全曲を通じて絶えず妄想のように回帰する「固定楽想 idée-fixe」として繰り返し用いました。

　第二楽章は〈舞踏会〉と題されたワルツです。彼と彼女が出会い、踊り、現れては消える恋人の姿を見失うワルツが、想像力豊かに描かれます。

　〈野の風景〉と題された第三楽章では、ベルリオーズは失恋の不安と絶望を告白します。ハリエットは冷淡で、彼から遠ざかってゆきます。悲しみと苛立ちを描写する音楽のなかで、あらゆる希望が打ち砕かれます。オーボエとイングリッシュ・ホルンが、近づきつつある嵐に怯える二人の羊飼いのように呼び交わします。ティンパニの連打が嵐を表し、やがて闇が降りてくるのです。

　そして、完全なる狂気がやってきます。ベルリオーズは自分の愛欲を、当時の芸術家のあいだで大流行していたアヘンで鎮めようと試みます。彼はドラッグで自分の感情を麻痺させ、酩酊がもたらす夢に溺れていきます。

　しかし「麻薬の効果」が生み出したのは、二つの錯乱した悪夢でした。まず、第四楽章として置かれた〈断頭台への行進〉で、ベル

ベルリオーズ：《幻想交響曲》第１楽章より
繰り返されるテーマ

ベルリオーズ：《幻想交響曲》より
〈野の風景〉

リオーズは自分を拒んだ愛人を殺す夢を見ます。そして、フランス革命に由来するファンファーレ（訳注6）が響き渡るなか、処刑台へと引かれて行きます。ベルリオーズが自身の内なる幻想によって、ギロチンへと無理やり引き立てられていく間、血に飢えた群衆の歓呼が聞こえてきます。終結部では、あの「固定楽想」が、悲しげに、そして幻覚にとらわれているかのように、再び鳴り響きます。そして、ギロチンの刃が落ちる「ザクッ」という音。チェロのピッツィカートが、斬り落とされた首がカゴに転がり落ちる音を描写します。

ここから、もうひとつの悪夢、ハチャメチャなフィナーレである第五楽章、〈魔女の夜宴の夢〉が幕を開けます。ベルリオーズは身の毛もよだつ墓場にいます。暗闇に笑い声が響き、影が這いまわります。どこかの教会が、真夜中を知らせる鐘を打ちます。中世の葬送のミサのセクエンツィアで使われていた古めかしい「怒りの日」（訳注7）が、幽霊が歌っているかのように聞こえてきます。恐ろしい亡霊に姿を変えて蘇ったハリエットの墓の周囲に、魔女や化け物が集まってきます。「固定楽想」はグロテスクにデフォルメされ、下品な世俗歌謡のように卑猥です。そしてベルリオーズは、悪魔にとりつかれたロンドに、魔女たちの宴の奇怪な舞踏会に巻き込まれて、我を失って一体化してしまうのです。

《幻想交響曲》の初演は大成功を収めました。ベルリオーズがプログラムの曲目解説に自分の恋愛感情を綴ったことが聴衆の興味をそそった結果でもあることは、言うまでもありません。ハリエットはこの前代未聞の愛の告白に屈服し、それから間もなく作曲家と結婚したのでした。

一方で批評家は、このようなエピソード以上に、作品自体の革新性に目を見張りました。《幻想交響曲》は、ベルリオーズの初期の傑作のひとつで、交響曲というジャンルに新風を吹き込み、活気づけた作品なのです。

ベルリオーズの作品の魅力は、なんといっても、きわめて実験的なオーケストラの使い方にあります。さまざまな楽器で構成された独特の音色が、かつて聴いたことがないような効果を次々と生み出していくのです。弱音器によって柔和になり、変貌した音。軍隊の太鼓のように激しいパーカッション。無骨な金管楽器の響き。弦楽器ときたら、弓の木の部分で弦を叩いて（訳注8）、悪魔が牙を剥き出したり、骨がカラカラと転がったりする音まで表現するかと思うと、多くのパートに分かれて音を薄くし、霊妙でとても柔らかい音を奏でて、風が吹きすさぶ様子を表現してみせるのです。

これは未来を先取りした書法です。ベルリオーズは、作曲者が描く世界へ聴衆を引き込み、イメージを共有してもらうために、演劇をはじめ音楽以外の要素を併せ持った、コミュニケーション能力とインパクトに富んだ語法を開拓して、大きな前進をもたらしたのでした。

加えてベルリオーズは、オーケストラ・コンサートの準備から公演にいたる一連の流れにおいて、新しい時代の幕開けとなる近代的なスタンダードを確立したことでも、とても重要な作曲家とされています。彼は、新しいコンセプトと、過去の作曲家の作品に対する深い尊敬の念をもって、あらゆる芸術家の言葉を正しく理解し、正確な技術で表現しようとしたのでした。

ベルリオーズはまた、近代的な意味での指揮者の先駆けのひとりでもあります。彼は、その数年前まで一般的だった、指揮者が楽器を弾きながら楽団員を指揮するやり方をやめたのです。テニスのラケットのように重く、麺棒のように太く、金銀で装飾を施された黒檀製の指揮棒を握りしめ、不注意な楽団員や入りを間違える楽団員に罰金を科しながら、そして楽譜に残された作曲家の指示に忠実であろうと努めながら、ベルリオーズは精力的に、正確に、大オーケストラを指揮しました。彼は、初めてスコアを使用した指揮者のひとりですが、それは、アマチュア演奏家がやるようなごまかしに満足せず、すべての楽器が何をしているのかをできるだけ追えるようにするためでした。

今では当たり前となっているこのような方法は、当時は、演奏の質を向上させるために、とても有効だったのです。こうしたさまざまな功績を考えれば、ベルリオーズがオーケストラ指揮者の元祖とされているのは当然です。その近代性は、ベルリオーズ自身の独創的な作品にも、鮮やかな色彩をまとわせ、豊かな表現力にあふれた彼のオーケストラの響きにも、あますところなく発揮されているのです。

リヒャルト・ワーグナー（1813－1883）：気難しいエクスタシー

ワーグナーは、重い。

その魅力的な音楽の底知れない深さについては、語るべきことがいくらでもあります。果てることのない音の渦、終わりのない歌、ライトモティーフ、総合芸術、バイロイト……。

ワーグナーって、重い！

ワーグナーは、重い。ありとあらゆる大切なこと、この世の英知が結集された百科事典と、聖書と、コーランと、ありとあらゆる時代の哲学を網羅した学術書と、人間の限界を超えた精神性や省察の宝庫と同じくらい、重いのです。

ワーグナーは、重量感があります。彼の音楽はぎっしり詰まっていて、ついていくのは簡単ではありません。〈ワルキューレの騎行〉や、いとこの結婚式で聴いたことがあるかもしれない〈結婚行進曲〉の話をしているのではありません。

ワーグナーは、革命です。音楽や演劇に独特の言葉が存在することがようやく認められ、完成されようとしていた時代に、ワシ鼻で熱狂的で、音楽の歴史を永遠に引っ掻きまわすことになるドイツ人が現れたのです。

ワーグナーのオペラは、英雄や騎士や美女が次々に登場する作り話ではありません。彼のオペラの物語は巨大で哲学的な叙事詩で、音楽によってその深さを測られた人間の魂の奥底へと、荘重なたたずまいで下りていく英雄譚なのです。それにしても、なんという音楽！それは、休みも疲れも知らずに物語り続けるとめどない動きであり、エクスタシーと疲労困憊との間を、爆発と鎮静との間を縫って連綿と続く、果てしない変容なのです。

ワーグナーを演奏する時は、危険な薬のように用心深く取り扱わなければなりません。信じられないような地平線が開けてしまうこともあるし、落胆し切ってしまうこともあるからです。何も知らずにワーグナーの上演に臨んだら、退屈してしまいます。ワーグナーの作品と向かい合う時は、周到に準備しなければならないのです。ワーグナーのオペラは、イタリアの伝統的なオペラとはまったく異なるレベルで展開するのですから。

ワーグナーに親しむには、まず、物語の中心となる出来事を知っておかなければなりません。そして、歌を聴きながら、台本にあるテクストの訳を追えるようにしておかなければなりません（ドイツ語に堪能なら、とても有利です）。それでようやく、ストーリーに没頭することができます。さもないと、目の前をチラチラする指環のために、兜をかぶった巨人がヒステリックな北欧の女神に向かって咆哮するのを、呆然としたまま何時間か眺めることになってしまうのです。

第二に、カバレッタ（訳注9）を聴く快感や、スポーツ選手ばりの鍛えられた高音（アクート）、ヴェルディやプッチーニや《カヴァレリア・ルスティカーナ》のようなオペラに出てくる、どこかで耳にした美しいメロディを聴く喜びを放棄しなければなりません。ワーグナーは、その手のものを一切気にかけないのです。彼のドラマはとても心理的かつ内省的で、謎に満ちており、神話のようにさまざまな解釈が可能で、象徴的なのです。実際、ワーグナーは神話から作品の着想を得ています。よく登場するのは、グラール（聖杯）、放浪の身の聖なる騎士、ヴァルハラ、魔法といったものですが、こういった仕掛けは、私たちの性的衝動やフラストレーション、切望といったものを映し出す鏡なのです。

第三に、ワーグナーの言い分に耳を傾けることが必要です。ワーグナーの音楽に、集中しなければなりません。彼が紡ぎ出す独特の言葉に幻惑され、メンタルな遊戯を受け入れることが求められるのです。

ワーグナーは、聴衆が自分のオペラを正しく鑑賞するように、自分の作品だけを上演するバイロイトの祝祭劇場まで建設させました。祝祭劇場の椅子は教会のベンチのように木製で、座り心地はいいとはいえません。場内は真っ暗闇。その昔、劇場内の照明は、上演中もつけっぱなしでした。舞台がよく見えるからというより、ボックス席で行われるルーレットで賭けたりすったりする金がよく見えるようにという理由だったのですが、ワーグナーはその習慣を断ち切り、場内を暗くしました。またバイロイトの劇場には、悲劇を上演していたギリシャの古代劇場同様、平土間席しかありません。伝統的な歌劇場ではロイヤルボックスが約束されていた権力者でも、ここでは慎ましく、隣の観客と肘と肘を突き合わせて座るしかないのです。オーケストラは、聴衆から見えないように隠されています。それは虚無から、私たちの無意識から、ワーグナーの圧倒的な知性から、音楽が立ち上ってくるように見せるためです。レジェンドの誕生です。オペラは暇つぶしではなくなり、芸術の一形態へと格上げされました。オペラが、その歴史においてこれほど重視され、称賛されたことは、かつてありませんでした。

一度ワーグナーにハマってしまったら、もう抜け出すことはできません。問題は、ワーグナーに、そうさせるか、させないかです。今の時代に、ドイツ語で歌われ、上演に五、六時間かかるオペラが、多くの人を惹きつけるような娯楽だとは思えませんが、もし可能なら、ワーグナーにチャンスを与えてほしいのです。そして、魂の試練に立ち向かう気になって、音楽によるイニシエーションのような儀式に臨むつもりで、準備していってほしいのです。

ワーグナーの作品は、万人受けするものではありません。濃厚な味わいに負けない、少々訓練された味覚が必要です。しかし、挑んでみる価値はあります。長大さ、難解な言葉づかい、解読が必要なプロット、とっつきにくさを乗り越えましょう。そして、触手のような音符の渦に、音楽が進行する過程にまき散らされた、何千というシンボルのなかに身を投げ出してみましょう。

古代ギリシャの初心者は、犠牲や苦労なくして物事を究められることはないとよくわかっていました。どうするかは、私たち次第です。ワーグナーは、私たちの目の前に巨人のように立ちはだかっています。古代エジプトのスフィンクスのように、昔からの謎を設定して、私たちに挑戦しているのです……。受けて立つことができるでしょうか？　そして私たちには、それだけの力があるでしょうか？

イーゴル・ストラヴィンスキー（1882－1971）：未来からきたリズム

二十世紀の音楽を代表する天才的な音楽家を知りたいなら、《春の祭典》の出だしの数分を聴くことをお勧めします。むきだしの荒涼とした情景のなかで、ひとりぼっちのファゴットが、予兆をはらんだメロディを歌います。アブノーマルな音域で奏でられる、原始の夜から聞こえてくるシャーマニズムの声。この陰鬱で痛ましい歌は、音楽史のなかでもっとも衝撃的な一ページであり、それまで続いてきた伝統の織物に開けられた血なまぐさい穴であり、二十世紀のオーケストラ語法における大きな一歩への前奏曲です。《春の祭典》は、絵画の分野でピカソやミロ、ブラックが生み出した潮流を、音楽で表現した作品です。この魅惑的なスコアには、表現主義やキュビズム、抽象表現主義が混じり合っています。この作品は、二十世紀初頭のパリで、文化人として活躍していたディアギレフ率いるロシア・バレエ団のために作曲されました。

チャイコフスキーやアダンの甘く繊細な振り付けに慣れていた一九一三年のフランスの観客は、初演の夜、先史時代の異教の国ロシアからそのままの形でシャンゼリゼ劇場に現れた部族の祭礼を目撃しました。荒々しい跳躍や恍惚に浸って身をよじる動作で構成された、ニジンスキーのざわざわさせる振り付け、不協和音と野蛮さに満ちたストラヴィンスキーの音楽。そのすべてにプチブルたちは憤慨し、嫌悪感を催しました。

巨大なオーケストラが、太古の興奮を呼び覚まし、獣のように咆哮します。パーカッションが打ち鳴らすリズムが、とめどなく変化します。延々と続くリズムに合わせて、手拍子をしてみましょうか。無理です！

ストラヴィンスキーは、ロシア民謡、とくにウクライナ民謡からいくつかのテーマを引用し、ひっくり返したり、音符を変えたり、複数の調性を重ねたりしながら、グロテスクにデフォルメしています。ちょうどピカソが、有名な肖像画で女性の顔立ちを描く時に使ったようなやり方です。ほとんどの情景は多種多様なリズムで彩られ、執拗で、地中から湧き出てくるような塊となって前進してくる圧倒的な音響に支配されます。時折、遠くから響いてくるトリルや、荘厳で重々しい行進、完全な静寂が、この動きを唐突に止めるのです。

野獣派の色彩をまとった、ショッキングなまでの現代性を持つこの作品は、初演からはるかな時を経た今でも、その斬新さとインパクトを失っていません。この作品が「スキャンダラスな成功」を収めた歴史的な夜、聴衆は怒り狂い、ブーイングや嘲笑、怒号が飛び交いました。しかし間もなく《春の祭典》は、もっとも知られた作品のひとつとなり、世界中でオーケストラのレパートリーの仲間入りをします。オーケストラにはきわめて高い技術が、指揮者にはカオスのように見える変拍子の森へと奏者を導く役割が課される難曲です。

作曲家たちに新しい道を示した二十世紀の古典となったこの作品は、その頃まで一般的だった「調性」を拒絶し、また発展させたことでも知られています。

実際、ストラヴィンスキーはいつも、彼の作品の着想を、明快で、オリジナルがすぐわかる素材に求めました。それは時にポピュラーな歌曲だったり、ほかの作曲家の作品であることさえありました（《プルチネッラ》には十八世紀のペルゴレージの作品、《美女の接吻》には、チャイコフスキーの《眠りの森の美女》が使われています）。彼は、素材を見つけると、韻律法や楽器の色合いを考え、通常では用いられないような音域を使い、同時に遠隔調を組み合わせるなどして、輪郭をデフォルメしていきました。このようなやり方を経ることで、ストラヴィンスキーの音楽からは、今までになく独特で現代的な響きが聞こえてくるのです。

二十世紀は、確かに、具象芸術や文学だけでなく、音楽にとっても大胆な実験劇場でした。過去から続いてきた凝り固まった言語が、絶えず危機にさらされていたからです。今日でも聴衆の大半は、この時代の作品を理解するのに、しばしば苦労を強いられます。なぜなら、きわめて難解な前衛的言語の暗がりのなかを、さまよってしまうことがあるからです。

たとえば、ストラヴィンスキーよりも前の時代のアルノルト・シェーンベルク（1874-1951）は、伝統的な調性を拒絶して、まったく新しい音楽表現を創造しました。彼が編み出した技法の機能性を理解するには、音楽家である必要はありません。私たちが知っている音楽言語は、音階のルールに基づいています。音階とは、好まれるフレーズやメロディを作るベースとなる、論理的に連続する音の列で、全音と半音、和声的な流れ、協和音によって解決される不協和音、重心となる音などが組み合わされているものです。そのベースとなるのは、作曲家の発想のゆくえを完璧にするために、ほかのすべての音符の基準となっている基音です。

こうしたルールを無視して、音と音の関係性をなくして平等に扱うと、重心を欠いた無調言語ができあがります。音同士が、ルールや伝統に縛られず、作曲家が自分自身に課した連結のルールに従って、はるかに自由に結びつけられるのです。好き勝手に作曲する、ということではありません。まったく新しい言語を構築するために、周知の理論を退け、命綱をつけずに、自身の作曲の幅広い可能性を探っていくのです。

この向こう見ずな実験は、熱烈な擁護も得ましたが、手厳しい批判にもさらされました。その結果、音楽界の勢力争いは激化し、親しみやすいとはいえないものの、間違いなく魅力的なこうした音楽から、聴衆を遠ざけてしまったのです。

シェーンベルク、彼に続くアルバン・ベルク、そしてアントン・ウェーベルンは、何かを表現しようという深い意図をもって、この作曲技法（訳注10）を選択しています。シェーンベルクの《ワルシャワの生き残り》には、途方もない人間の残忍さへの苦悩が、ベルクの《ヴァイオリン協奏曲》には、なんとも不思議なリリシズムが、ウェーベルンの《管弦楽のための六つの小品》には、抑圧された恐ろしいまでの不安が漂っています。

音楽における現代性のお手本であるこのような作品を聴くことは、よく知っているシナリオや伝統が与えてくれる安心感を超越しようという試みに立ち会うのと同じです。きっと、興味をそそられる体験になるでしょう。

ストラヴィンスキーに関しては、少々、話が違います。彼自身が、歴史的な伝統に属していることを否定していないからです。彼は、聴衆をびっくりさせたり、彼らの先入観を覆したりするためなら、予想を裏切るようなことに好んでチャレンジしました。けれど、素晴らしい成功を収めたロシア人作曲家のひとりであるリムスキー゠コルサコフを芸術上の父に持ち、彼の弟子でもあったストラヴィンスキーは、先輩たちがつけた道筋を踏み外そうとはしませんでした。

だからこそストラヴィンスキーは、私たちをやすやすと二十世紀音楽の迷宮に引きずり込んでくれます。それを体験するには、私たちは不規則で熱狂的なステップに彩られた彼のやり方に従って、気まぐれで予想できないリズム、未来のリズムに乗って、一歩一歩飛び跳ねながら、彼の後を追いかけていかなければならないのですけれど！

(1) カペルマイスター：「楽長」（ドイツ語）。十七－十八世紀には、宮廷や教会に所属する楽団のトップ（その楽団における作曲家、指揮者、監督者を兼ねる）をさし、十九世紀以降は、オーケストラやオペラハウスにおける指揮者を意味するようになった。「楽長」と表記されるのは前者のケースが多い。

(2) 四旬節（受難節）：キリストの復活を祝う復活祭の四十六日前から、復活祭前日までの期間。著者の母国であるイタリアで優勢なカトリック教会では「四旬節」と呼ばれるが、バッハが所属していたドイツのルター派の教会では「受難節」と呼ばれる。ここで紹介している「受難曲」は、ルター派の教会で、キリストが受難したとされる「聖金曜日」（復活祭の日曜日直前の金曜日）の礼拝で上演される、聖書の受難記事に基づいてキリストの受難を物語る音楽である。バッハの現存する受難曲には、『ヨハネによる福音書』に基づく《ヨハネ受難曲》、『マタイによる福音書』に基づく《マタイ受難曲》がある。

(3) カンタータ：一般的な「カンタータ」は、十七－十八世紀に最盛期を迎えた、さまざまな内容による多楽章の声楽曲をさすが、ここでは、ドイツのルター派の教会の礼拝音楽である「教会カンタータ」を意味する。「教会カンタータ」は、礼拝におけるその日の説教の内容を、音楽によって解釈する目的で作曲される多楽章の声楽曲で、基本的には合唱や独唱を伴い、オーケストラで伴奏される。

(4) Fra Martino campanaro：『鐘つき番のマルティーノ修道士』。日本では『グーチョキパーでなにつくろう』の名前で知られている。

(5) ベルリオーズは、《幻想交響曲》の初演にあたり、本作にかかわる標題とストーリーを記したプログラムを配布した。その内容は初演の前から新聞などで予告され、初演への興味を駆り立てたとされる。

(6) この楽章は、もともと、「フランス革命オペラ」として構想されたオペラ《宗教裁判官》（未完）に、〈護衛兵のマーチ〉として挿入される予定だった音楽である。

(7) セクエンツィア「怒りの日」：第2章の訳注3に記したように、グレゴリオ聖歌から派生した「セクエンツィア」は中世に多数作曲されたが、１５６３年に行われたトリエント公会議で、4曲を残してすべて礼拝での上演が禁止された。「怒りの日」はその4曲のひとつで、死者のためのミサ曲である《レクイエム》に用いられる。伝統的なカトリックの典礼で用いられる「怒りの日」は、テクストも旋律も決まっていた（十三世紀の修道士により作曲）。ベルリオーズが《幻想交響曲》で使用したのは、このグレゴリオ聖歌の「怒りの日」の旋律である。一方、モーツァルトやヴェルディなど多くの作曲家による《レクイエム》の「怒りの日」は、同じテクストを用いながら、音楽的には自由に作曲されている。

(8) 「コル・レーニョ奏法」と呼ばれる弾き方。

(9) カバレッタ：十九世紀前半の伝統的なイタリア・オペラで、アリアを締めくくる急速な部分。歌手の超絶技巧を披露する部分でもあった。

(10) シェーンベルクが体系化したとされる「十二音技法」のこと。十八世紀から十九世紀にかけて一般的だった主音を中心にした調性音楽に対して、一オクターヴ内にある十二の半音を均等に用いる作曲法のこと。

リハーサルでのマエストロ　©Takafumi Ueno

本番前の楽屋風景　©Takafumi Ueno

間奏曲

◇ ◆ ◇ ◆ ◇ ◆ ◇ ◆ ◇ ◆

山の空気は特別な味がする。ずかずかと僕の肺に入り込んできて、こう思い出させる。「酸素っていうのは私のこと。あんたが町で吸っているのとは別物よ」。

八月のある夜。涼しくて、あたりは野と花の香りに満ちている。バルコニーのウッドデッキが、足元できしんでいる。木々の仲間になって枝を伸ばし、眼下に広がる、そよ風が吹きわたる景色の仲間入りをしたいとでもいうように。

ここにいると、気がかり、不安、駅と空港の行き来のわずらわしさなどは、別世界のことのように思える。広々とした風景のなかに、尖塔をいただく小さな教会の黒々とした輪郭が浮かび上がり、その下には、小さな集落がまどろんでいる……。右のほうからは、丘陵に沿って流れる小川のかすかなせせらぎが聞こえてくる。

くつろいで腰を下ろし、足をバルコニーの手すりに乗せ、伸ばす。そして葉巻の準備をする。この穏やかな時の楽しみに、わざわざ数ヵ月の間とっておいたものだ。時々、まだ家のなかで飲んだり食べたりしている友達がタバコを吸いにバルコニーに出てきて、ちょっとおしゃべりをする。もうしばらくしたら、僕も彼らの仲間に加わり、ワイワイと冗談を言ったり議論したりしながら夜を過ごそう。でも今は、僕ひとりきりのオアシスが必要なんだ。

三本の指を軽く滑らせ、キューバ産の葉巻、ハバナを撫でてみる。わかってはいるけれど、葉巻を吸えるオトナになったことを改めて確認するために、この数ヵ月、何度も繰り返してきた動作だ。ぷんと鼻をさす独特の香り、葉をさわった時の柔らかい音、艶やかな色合い。

葉巻の先をていねいに切り落とす。切り落とされた先端は、ウッドデッキの黒っぽい木目に紛れてしまう。ヒマラヤ杉の細い棒で葉巻に火をつけると、すぐにあたりは軽い香りに包まれる。葉巻に火をつける時は、香りを損なうような強い匂いを出す炎を使ってはいけない。ヒマラヤ杉は、ハバナ愛好家の親友なのだ。火に近づけすぎないように気をつけながら、葉巻を慎重に回転させ、「足」を温め始める。

外側の葉がちょっと焦げてきたら、まずは軽く一服してみる。火を均一にするために、ププププと吸うのが鉄則だ。

一服するたびに、あたりの闇が赤く色づく。遠くからは、どんな風に見えるのだろう。オレンジ色の光に照らされた僕の顔が、浮かんだり消えたりしているのだろうか。

濃密な煙が、口を満たしていく。「これこそ、吸う価値のある唯一の煙」だと言いたげに。清らかで澄んだ空気をタバコの煙で汚してしまうのはひんしゅくものかもしれないが、葉巻の誘惑には抗えない。これからの二時間、とことんくつろいで過ごせるというのなら、そのために数ヵ月待ってもかまわない！

この葉巻の香りは格別だ。これほど本格的な、通のための一本と格闘するのは初めてだ。あらゆるニュアンスを感じ取るために、神経を集中させなくては。鼻で呼吸し、口に煙を満たして、キューバの職人たちが作り上げた傑作の旨味を味わいつくす。

葉巻は、極上のリラックスを与えてく

キューバ産の葉巻を味わう
©A.Battistoni

れる、至福の一品だ。一日のうちの数分間、あらゆる活動や音楽を脇に置いて、葉巻の手入れと準備に専念する。

イタリアの葉巻トスカーノは、一日中、僕のお供をしている。骨の折れる練習の後にはホッとさせてくれるし、心配事を忘れさせてくれる。葉巻を半分に切り、残りをケースにしまう。心が空っぽになり、和らいでいく瞬間だ。一週間の休みが取れる時には、必ず一晩はハバナと過ごす。飛行機をよく利用し、空港を頻繁に通るメリットのひとつは、この素晴らしい葉巻を買い足せることだ。免税店の一角にある加湿されたシガーセラーで、搭乗までの待ち時間を過ごすのが大好きだ。セラーの引き戸が、大勢の乗客が行き来する喧騒を遮断してくれる。明るい黄色で、デュマの小説に出てくるような抜き身の剣が描かれた「モンテクリスト」、貴族風の横顔が描かれた「コイーバ」、おとぎ話の絵本にあるパステル調の挿絵が美しい「ロメオとジュリエッタ」……そんな色や図柄が描かれたハバナの箱を眺めていると、一瞬キューバにいるような気分になる。

ハバナを購入したら、香りと旨味が逃げないように細心の注意を払う。セラーに入れ、湿度計が一定になるように気を配り、針が下がったら蒸留水を足す。タバコの葉だけでできているハバナは、生き物にも似ている。今は仕方なく木箱に収まっているが、生まれ故郷の熱帯の湿気の多い気候を好むにちがいないから。

こんな夏の夜、自分のハバナを吸いながら、ふと気づく。葉巻にまつわるすべてが、なんと音楽的に響くことか。葉巻の準備が整うまでと、楽譜やコンサートの準備が、なんと似通っていることかと。

ひとつの曲を演奏することと一本の葉巻を味わうことがこれほど似ているとは、思いもしなかった。細々とした準備、素材の研究、バランスへの配慮、とてもシンプルでありながら同時に複雑なフォルムを作り出した芸術家への尊敬の念。細部への気配り、アイディアと風味を結びつける想像力。

音楽にアプローチする時は、本能を大切にしている。作曲家や曲に惹きつけられる瞬間は、一目惚れのように突然やってくる。葉巻も同じだ！　よく知らない時は、葉巻の香りや持ち手に巻いてあるシガーバンドの色、あるいは好奇心にそそられるままに選んでみる。それから、その葉巻についていろいろ調べていく。

最後に、葉巻についていちばん大切なこと。それは、純粋な快楽を体験する喜びである。

もちろん、葉巻が与えてくれる喜びは、精神的な満足感がもたらす深い喜びとは違う。

けれど葉巻は、感覚的な満足だけで満たされる場所を僕の頭のなかに作ってくれる唯一の存在であり、その点で僕を助けてくれるのだ。

僕の人生に、静寂はまれにしか訪れない貴重なものだ。この夜、葉巻の先端でパチパチとはぜる真っ赤な炎、葉巻を吸う静かな音、家のなかから聞こえてくる笑い声、くったくのない笑い声……ここに、僕の本当の隠れ家がある。

風がわたり、草が揺れる。なんという静けさ……。

第五章　劇場人の使命

劇場は船だ。

夜、リハーサルの後、オーケストラのメンバーや歌手たちが帰っても、なんだかんだと楽屋でグズグズしていて、僕ひとりが遅くなってしまうことがある。そんな時、出口へ向かう前に、舞台の袖を通るのが好きだ。

人気《ひとけ》がなくなり、静まり返った劇場では、古い建物が、見えない波に揺られるように上下しているのがわかる。木のきしむ音、天井の梁から下がるロープは、帆船のようだ。それを上っていけば、マストから見渡せるような光景が広がっているのかもしれない。

裸の舞台の床板が、足元でギーギーと音をたてる。ほこりが舞い上がる。これもまた、劇場の魔法だ。何本の足が、この落とし戸の上を歩いたのだろう。何足の舞台用の靴が、この魔法の欄干を通っていったのだろう。そこには、人間の姿やその振る舞いを鏡のように映し出して学ばせる、悪魔や創造物が住んでいる。

劇場は神話の船、知を探し求めるオデュッセウスの小舟だ。

僕たち劇場人はみな、音楽と言葉を結びつけることで我々の感情の深みを表現するオペラという芸術を人間に贈ってくれた、ギリシャの思想（訳注1）の相続人だ。人の内面は、その人にしかわからない。僕が感じる痛みは、あなたが感じる痛みと同じだろうか？　僕が生きている世界の喜びや興奮は、あなたが生きている世界のそれと同じだろうか？

歌は、僕たちが同じ感情の世界を共有していることを教えてくれる。人間は、ふだんは知性を介して言葉によって自分を表現するが、ある心理状態を伝える時には歌を必要とする。その人間が生み出した音楽は、祖先が遺してくれた素晴らしい贈り物だ。そして僕たちは、この動かない船の上で、この船が荒波を乗り越えて前進しているという幻想を観客に抱いてもらえるよう、崇高な使命に燃えなければならない。

オペラは、仮面の世界だ。喜劇だろうと悲劇だろうと、その仮面は私たちを映し出す鏡なのだ。どんなオペラの登場人物のなかにも、さまざまなタイプの人間の男女を見ることができるし、彼らを取り巻く状況や彼らの行動や性格には、僕たち自身や僕たちの人生と共通する部分がある。オペラはこのように僕たちの心に訴えかけ、僕たちに何かを教えてくれる。歌の力からは、逃れることはできない。絵の前では顔をそむけることができるし、本なら閉じてしまえばいい。しかし歌は、情け容赦なく五臓六腑をわしづかみにしてくる!

オペラを歌う歌手には、人間離れした力量が求められる。僕らの国が誇るイタリア的なテクニックを駆使して、アンプやマイクに頼ることなく自分自身の声でホールを満たす歌手たちには、いつも魅了されてしまう。

本物のアーティストはオペラの中で、声の力によって忘れがたい人物へと変貌していく。彼らとともにストーリーを語りつつ、言葉では表現できない、音符だけが強調できることのすべてを際立たせてゆくのがオーケストラだ。

オペラは、何をおいてもまず、偉大なるショーだ。そのエンターテインメントとしての要素は、とても重要だ。できるだけ多くの観客を魅了するためには、当然のことながら、劇的な展開や豪華な衣装、壮大な舞台装置が必要となる。しかし、華麗さの裏にひそんでいるオペラの根本的な意味を見落としてはならない。それは、この世にあふれている何千という仮面の正体についての研究だ。僕たちみんなが、その仮面の裏側を見きわめ、あわよくばそこにひそむ悪意から身を守ることができるように。それは僕たちを夢中にさせてくれる、果てしのない探究なのである。

《トスカ》では、嫉妬に気をつけなければならないと知り、サディズムや復讐を目撃する。《ドン・ジョヴァンニ》では、女たらしが、傷つき、棄てられた女たちにどうやって近づくのかを観察し、《ナブッコ》では、囚われの人々が解放を願う気持ちを見守る。

オペラの物語は、これほど普遍的なのだ。その物語は、ドラマを語るだけにとどまらない。オペラが発するメッセージは多様な解釈を引き出し、それぞれのオペラが持っている豊かなテーマのさまざまな様相に光を当てる。

これこそ、古代ギリシャの演劇の役割である。それは、感情を学ぶ学校だった。パワフルなストーリーに夢中になり、自分では経験できないような境遇に置かれた、寓意的な登場人物に自分を投影しながら、どのような気持ちになるのかを学ぶ学校。僕たちアーティストの役割も同じだ。この役割を過小評価してはいけない。勇気を持って立ち向かおう。この同じ船に乗り合わせた全員で。

オペラ

交響曲などのコンサートの指揮とオペラの指揮では、何が違うのでしょう？　指揮者の動作だけ見ていれば同じように見えますが、実はたくさんの違いがあります。

コンサートでは指揮者がすべての準備を仕切り、オーケストラの奏者たちとともに主役を演じますが、オペラの場合はオーケストラも指揮者も、複雑で巨大なメカニズムの歯車でしかありません。

成功したオペラの公演では、指揮者がスコアを再現する時、オーケストラは単なる歌手の伴奏ではなく、登場人物に寄り添うもうひとりの人物となります。オーケストラは、歌詞に表現されていないこと、あるいは行間に隠されていることをすべて描写していくのです。偉大な作曲家は、オーケストラを、真の「声」、つまり登場人物たちの内心の吐露のために使います。演奏家たちは、オーケストラと声がひとつになり、場面と音楽の微妙なバランスが取れるようになるまで、何度もリハーサルを重ねていきます。

オペラの公演は、どのように創られるのでしょうか？

そのプロセスは、公演のはるか前から始まる、長いけれど魅力的なものです。

劇場が上演する演目を決めるのは、一般的には公演の何年も前のことです。演目が決まると、演出家がその作品のドラマトゥルギー（訳注2）に応じた演出のヴィジョンを練り始めます。演出家といっしょに、美術監督や衣装デザイナーが舞台作りに取り組みます。彼らは独創的で個性的な解釈を試みる一方で、これまでの解釈の伝統やオペラの台本に敬意を払うことも忘れません。

第一段階のリハーサルは、演劇と音楽の両面から進行します。演劇的なリハーサルでは、歌手たちは演出家の指示に従って、舞台上での動作や演技を身につけます。一方で彼らは、オーケストラの指揮者と音楽的な解釈を共有していきます。つまり、二種類のリハーサルが交互に進行するのです。はじめは、演出家の指導のもと、歌手たちは衣装をつけずにピアノ伴奏で、舞台上での動きとそれぞれの役どころをつかんでゆきます。指揮者はこのようなリハーサルに加わり、オーケストラの代わりをつとめているピアノを指揮して、自分のテンポに慣れてもらうと同時に、彼独自の指示を出していきます。

音楽的なリハーサルも、同じように大切です。ここでは、まずピアノ伴奏で、歌手たちと指揮者がオペラの解釈を綿密にすり合わせ、テンポに関する要望を出し合い、それぞれの役の音楽的な側面について話し合います。

第二段階は、オーケストラのリハーサルです。指揮者とオーケストラは、オペラ全曲をまずは歌手なしで練習します。歌手たちが加わる時に備えて、楽器による頑丈な土台を造るのです。オペラの公演では、オーケストラは、ワーグナーが「神秘的な穴倉」(訳注3)と名づけた舞台前の窪み、つまりオーケストラ・ピットで演奏しますが、これはスコア通りに演奏すると、歌手たちの声をかき消してしまいかねないからです。

それから、いわゆる「イタリア風」のリハーサルが始まります。歌手とオーケストラが初めて顔合わせをするリハーサルですが、演技はつけません。

続いて行われるのが、衣装や照明は本番通りですが、伴奏はピアノだけという「ピアノ・リハーサル」です。ここで、歌手たちはオペラ公演全体における自分の出番を確認することができます。そして演出家は、彼の仕事全体を、より正確で緻密な絵画へと仕上げていくのです。

その後、総仕上げとして、全員が揃ってのリハーサルがあります。みんなが全力を出し切ってひとつになる、大切な瞬間です。オーケストラや合唱、歌手だけではありません。舞台裏では、プロの集団が姿を見せることなく働いています。舞台監督は正真正銘のキャプテンで、登場人物たちが舞台に出るタイミングと、舞台上での動きを調整する役目を担います。舞台装置を一幕ごとに組み上げたり解体したりするのは、技術者たちです。作品によっては、舞台の裏で演奏される音楽のために、舞台袖に小さなオーケストラが必要です（たとえば《ラ・ボエーム》の第二幕では、タンバリン、トランペット、ピッコロで構成される軍楽隊が奏でる行進曲が、舞台袖から聞こえてきます）。このオーケストラにも指揮者がいて、オーケストラ・ピットにいる指揮者と同じテンポで指揮するのですが、今はモニターのおかげで、ピットの指揮者の動きを見ながら指揮することができます。

公演初日に先立って、ゲネプロと呼ばれる総リハーサル、つまり本番通りの通し上演が行われます。世界のほとんどの劇場がゲネプロを公開していますが、見学のためにはふつう予約が必要です。対象が若者に限られる場合も少なくありません。

オペラ公演には、このように長い道のりが必要です。その道のりには、細心の注意を払って一ピースずつ組み立てられるパズルのような、あらゆる側面に及ぶこまごまとした仕事がつきものなのです。

この道のりの間、指揮者は重大な責任を引き受けなければなりません。もちろん、作曲家の仕事とスコアの指示に従うことは大前提ですが、オペラの指揮には、それに加えて、複雑に関連し合う大勢の人々と音楽家たちをまとめあげていくという、ほとんどスポーツチームの監督と同じようなプレッシャーがかかってきます。まさしく挑戦です！　毎晩、歌手ひとりひとりのコンディションにまで気を配らなければなりません。歌手が使う自分の肉体という楽器は、素晴らしいと同時に、あらゆる緊張、疲労、動揺、その時々の健康状態の影響を受けやすい、コントロールの難しい楽器でもあるのです。

指揮者は歌手たちが毎晩、最高のパフォーマンスができるように配慮しなければなりません。もっと速いテンポがいいとか、遅いテンポがいいとか、声がよく聞こえるようにオーケストラの音量を調節したほうがいいなどと察したら、すぐに対応しなければなりません。いつも、舞台にいる歌手に最高のスポットが当たるようにしなければならないのです。オペラの公演において指揮者冥利に尽きる時というのは、自分が、大きなメカニズムの一部分、重要な歯車であり、中心的な責任者だと思えた時、そして最終的に、観客にオペラがもたらす偉大な魔法を伝えられたと確信できた時なのです。

オペラ入門にお勧めの五作品

オペラの世界は、感情に満ちています。その世界観をとりわけよく体現している作品は、どれでしょう？　以下に、私が個人的にお勧めする五作品をあげてみます。どの作品も、私を魅了してやまないオペラですが、そのなかのいくつかのアリアは、どのオペラのものとは知らなくとも、聴いたことがあるのではないでしょうか（オペラの公演に招待した初心者の友人たちから、何度こう言われたことでしょう。「聴いたことのあるアリアばかりだったよ。着信音にしているのもあった！」）。

よく上演されるオペラの大半は、偉大なアーティストによって録音されていますが、ぜひ生《なま》の公演に足を運んでみてください。イタリアでも、若い人向けの割引チケットを用意している劇場は増えていますし、ゲネプロを無料で公開している劇場もあります。オペラの魅力は何ものにも代え難いのです。あなたたちの心に、きっとなにか特別なものを残してくれるでしょう。

どうしても家のソファで鑑賞したい場合は、ＣＤよりＤＶＤを探してみてください。選択肢は膨大です。オペラでは、視覚的な要素や演出は、音楽的な要素と同じくらい大切なのです。

リゴレット

作曲はジュゼッペ・ヴェルディ。フランスの劇作家ヴィクトル・ユゴーの戯曲『王は楽しむ』を下敷きに、フランチェスコ・マリーア・ピアーヴェが台本を起こしました。

このオペラ以上に世界的に有名で、オペラ入門に適した作品はないと思います。陰惨でありながら興奮をかきたてる物語、思わず引き込まれてしまう音楽、超有名なアリア。この不滅の作品には、ひとを魅了するすべての条件が揃っているのです。

《リゴレット》の最大の魅力は、どんなカテゴリーにも属さない独創的な主人公にあります。主人公のリゴレットは、多くのベルカント・オペラで活躍する騎士道的な英雄ではありません。それどころか、正真正銘のアンチヒーローで、背中にこぶのある異形の人物、十六世紀のマントヴァの宮廷道化師なのです。ストーリーは猟奇的で、婦女暴行や殺人があり、極悪非道なまた醜い人物が登場しますが、そのために時代を先取りした作品になっているのです。

苦しみ、不安に苛まれ、不幸に弄ばれるリゴレットは、オペラの世界における忘れがたい人物です。ヴェルディはここで、リゴレットの魂の闇を探求し、彼の内面のあらゆる葛藤を鋭くまた情熱的にあぶり出して、彼の悪意と傷ついた父親としての愛情とを鮮やかに対比させています。

なぜ、リゴレットはこのような葛藤に苛まれているのでしょう。それはリゴレットがマントヴァ公爵の支配する宮廷で、虐げられた人生を強要されているからです。彼は公爵お気に入りの道化師ですが、一方で、深く愛している一人娘のジルダの存在を周囲に隠しています。リゴレットは大切な娘、愛しい花であるジルダを、自分が知りすぎているこの世の悪意や狡猾さから遠ざけ、守らなければならないのです。

オペラの幕開けで、道化師のリゴレットは、宮廷に取り入るために、マントヴァ公爵に誘惑された娘を取り戻そうと、パーティの乱痴気騒ぎに乱入したモンテローネ伯爵を嘲ります。マントヴァ公爵は、筋金入りの放蕩者です（公爵がその放蕩ぶりを歌う第一幕のアリア〈あれかこれか〉は有名です）。公爵のパーティを邪魔した罪で捕えられたモンテローネ伯爵は、公爵に向かっては不名誉を被ったことに対し、リゴレットに向かっては苦悩に満ちた父親の痛みを馬鹿にしたことに対して、おぞましい呪いの言葉を投げかけます。

リゴレットは、ヴェルディが作り出した悲劇的な仮面です。この異形の人物は、ギリシャ悲劇のオイディプス王を思い起こさせます。第一幕の終わりで、哀れなリゴレットは、宿命によって目をふさがれたオイディプスのように、気づかないうちに目隠しをされてしまいます。そして、モンテローネに対して父親の尊厳と愛を冒瀆した罪は、あろうことか、自分の娘のジルダに降りかかるのです。

どれほど慈悲を願っても応えない冷酷な社会から見捨てられた魂に、運命が企んだ陰謀。私たちはこの作品で、絶望の淵に追い込まれた父親からもうひとりの父親へと向けられた呪いが現実となるのを、驚愕のうちに見届けます。リゴレットは、自分を嘲笑し、蔑み、そしてみじめな役回りを負わせた社会にしがみつこうとしたがために、あまりにも高価な代償を払わなければならないのです。

私たちのアンチヒーローを駆り立てるのは、爆発寸前の復讐心です。リゴレットにとって娘のジルダは、若い娘になら誰でも期待し得る幸福への希望だっただけではありません。彼女は、背中にこぶのある醜い父親に、愛や慰めといった感情や惨めさや孤独感を忘れさせ、温かさを与えてくれる唯一の存在だったのです（「お前が旅立てば、私は一人残されるのだ」＝第一幕第二場のリゴレットとジルダの二重唱〈娘よ！〉より）。

ヴェルディの音楽は、このストーリーをなんと力強く物語っていることでしょう。このスコアには、炎が燃えています。嘆き悲しんだ末に湧き起こる盲目的な怒りや、内臓をえぐるような後悔を描写する、今にも燃え上がろうとする炎、そして自分自身にもその火の粉が降りかかってくる炎が。

けれど一方でこのオペラには、ベルカントの遺産である抒情的な、そして感動的な瞬間も残されています。ジルダが公爵への愛を告白する第一幕第二場の有名なアリア〈慕わしきお名前〉は、ヴェルディが、伝統的な遺産を踏襲しながらもドラマティックな表現に優れていたことを示す好例です。

〈慕わしきお名前〉は、過去のイタリアオペラの形式上、そして様式上の決まりごとを守って作られたアリアです。歌手はこの曲で、超絶技巧からトリルにいたるまで、その名人芸を披露する機会を与えられています。

けれどヴェルディは、このアリアが、衝撃的なシーンの連続する物語の緊迫感を損なってしまうかもしれないと気づいていました。そこで、ジルダがまだ歌っている間に、宮廷人たち（リゴレットを見返すために、彼女の誘拐を企てている）をこっそりと登場させ、ヒソヒソ話をするように設定したのです。こうしてヴェルディは、伝統に従ってアリアの音楽とソリストの声を巧みに際立たせると同時に、物陰で歌う陰謀を企む輩たちも登場させて、無邪気さと恐ろしさが入り混じった雰囲気を作り出し、聴衆がアリアが終わると同時に拍手できないようにしたのでした。

このオペラでは、ヴェルディは画家です。彼は豪奢なマントヴァの宮廷を、まるで薄暗い貧困地域のように描き出します。音符の間から、ルネサンス時代の古典舞踊の響きが聞こえますが、その響きはロマン主義的な感性によって、陰鬱な色に染められています。《リゴレット》の音楽は、それ以前の多くのオペラよりもアクションにぴったりと寄り添い、歌詞に表れていることも表れていないこともありありと表現し、場面と一体化しています。第三幕の核となっている嵐（舞台上でも心のなかにも嵐が吹き荒れる）の場面では、音楽は舞台装置の役目すら果たすのです。

《リゴレット》では、〈女心の歌〉から、第四幕の四重唱〈美しい

ヴェルディ：《リゴレット》第３幕より
公爵のアリア〈女心の歌〉

愛の乙女よ〉まで、輝かしく親しみやすい「ヴェルディ節」が炸裂するヒットメロディが、もっとも卑しむべき人物、つまりマントヴァ公爵を天真爛漫な自信家に仕立てあげています。けれどオペラの核心は、前奏曲から登場し、リゴレットが〈あの老いぼれが俺を呪った！〉という不安に襲われるたびに繰り返される、恐ろしげな和音にあるのです。

誰もが仮面をつけています。そしてどの仮面にも、名前がないのです。公爵（世界の歴史において、このような公爵はいったい何人いるのでしょう……）、娘にさえ自分の名前を明かさず、道化師の烙印を押されて生きることに満足しているリゴレット、暗殺者という天職をニックネームに使うほど誇りに感じているスパラフチーレ（＝スナイパー）……。その悲劇的な仮面の数々に、ため息をつかずにはいられません。この作品に登場するような普遍的な「タイプ」のなかに、なんと多くの知った顔がいることでしょうか。

ヴェルディは私たちを、人間の心のなかの暗い井戸の底まで、繰り返し引きずり込みます。そこは、この音楽のように闇に包まれ、第二幕のリゴレットのアリア〈悪魔め、鬼め！〉で歌われるような悪人たちがうごめく場所なのです。

セビリャの理髪師

作曲はジョアキーノ・ロッシーニ。ピエール・オーギュスタン・カロン・ド・ボーマルシェの同名の喜劇を下敷きに、チェーザレ・ステルビーニが台本を起こしました。

オペラには、ドラマティックな物語や血みどろの筋立てがつきものです。死体がないと、聴衆は満足しないのではと思ってしまうほどです。確かに有名なオペラの大半は、激しく心に訴えかけて強烈な印象を残しますが、オペラには別のジャンルも存在します。それはオペラ・ブッファ（訳注4）と呼ばれるジャンルで、悲劇的なジャンル同様に重要で、ひとを惹きつける魅力を備えています。

ロッシーニの《セビリャの理髪師》は、オペラ・ブッファを代表する作品です。何世紀にもわたって不動の人気を誇り、今日でもなおユーモアたっぷりのセリフで、世界中の劇場を沸かせているオペラなのです。

このオペラの独創性は、動作と音楽の完璧な融合にあります。演劇のリズムと音楽のリズムが、コミカルで、沸き立つような創造力を秘めたスパイラルのなかで、一瞬の隙もなく手を携えているのです。

オペラの開幕を告げ、作品全体の雰囲気を伝える有名な〈序曲〉で、ロッシーニは熱狂的な、ほとんど精神が分裂しているような世界に私たちを引きずり込みます。ここでは、ひそひそとささやかれるエピソードが、ドラマティックな急展開やクレッシェンドの奔流へと飲み込まれていきます。微笑みと憂鬱が同居し、戯れ合います。〈序曲〉の第一主題は、素直なようでいて予測できない、どこかあいまいな印象を与えます。弦楽器の「飛ばし弓」（訳注5）による伴奏は、オペラ・ブッファの雰囲気を伝える一方で、ドラマティックな色合いも漂わせます。実はロッシーニはこの序曲を、《パルミーラのアウレリアーノ》という自分のオペラ・セリア（訳注6）で使ってから、《理髪師》に転用しました。ためらいもなく自分の作品を転用することは、このとらえどころのない作曲家のパーソナリティを理解するのに役立ちます。この作曲家、つまりロッシーニは転用の天才で、無限の意味を秘めていながら、ちょっと聴いた限りでは温和で耳に心地のいい音楽を創り出すのです。

この作品で、ロッシーニは私たちを、ひそかな恋心や駆け落ち、嫉妬、自分の恋を成就させるための巧妙な策略が渦巻く、十九世紀に流行していた通俗小説の世界へと誘います。《理髪師》の原作は、一七〇〇年代に書かれたフランスの劇作家ボーマルシェによる同名の喜劇です。オペラでは、ボーマルシェの作品から、背景、登場人物、面白いエピソードや純粋な喜びを抜き出した上で、中産階級の人々やその因習へのからかい、フランス革命に触発された、主人と使用人との間の階級闘争も盛り込みました。ロッシーニは、当時の分裂したイタリア半島の、民主主義的ではおよそなかった君主たちの前では、自分の身を守るために革命の精神を和らげ、隠さなければならなかったのです。

それはさておき、このオペラの伝説的な主人公である理髪師のフィガロは、この世の唯一の価値は身分ではなくお金だと考え、庶民の出自でありながら自分の天賦の才能だけを武器に生き抜こうと決心した、強烈な魅力を放つ人物です。

フィガロはアルマヴィーヴァ伯爵に、彼が惚れ込んでいる美しいロジーナの気を引いて結婚するのを手伝うために雇われます。哀れなロジーナは、気難しく怒りっぽい医師のドン・バルトロという後見人の家に閉じ込められているのです。バルトロは、彼女の持参金を目当てに、ロジーナを妻にしようと企んでいます。フィガロは持ち前の機知を駆使して、セビリア中を疑惑の渦と奸策の嵐に巻き込んだ末に、伯爵とロジーナ、二人の若者の愛の夢を成就させるのです。

ロッシーニの音楽は、登場人物たちのキャラクターを鋭くエレガントに際立たせるかと思うと、時に旋風のように沸き立ち、彼らをナンセンスとカオスに沈めてしまいます。

たとえば第一幕のフィナーレは、ロッシーニの面目躍如といったところです。ロジーナに話しかけようともくろむ伯爵は、フィガロの入れ知恵で、一夜の宿を求める酔っぱらった兵士に変装し、ドン・バルトロの家に忍び込みます。ドン・バルトロは見知らぬ兵士に宿など貸さないと怒り狂い、登場人物全員が争い始め、関係ないひとたちまで巻き込まれて、警察まで出てくる騒動へと発展します。偽の兵士に変装した伯爵は兵隊長にこっそり身分を明かし、逮捕を免れます。兵隊長が、家に入り込んできた酔っ払いの兵士にへりくだってお辞儀をしているのを見たドン・バルトロは唖然とし、頭が真っ白になってしまうのです。

ここでロッシーニは、弦楽器のピッツィカートや、歌のラインを細切れにして音楽を途切れ途切れにするというやり方で、人々の驚きを見事に表現しています。さらに、登場人物全員が、失望や不信、混乱を表現し、この場面の混乱を煽り立てるのです（第一幕フィナーレ〈恐ろしい鍛冶屋にいるようだ〉）。

ロッシーニは、一同を巻き込む大混乱を、その雰囲気とは対照的なきっちりとした数学的な音楽で描写しています。オーケストラが発揮

ロッシーニ：《セビリャの理髪師》第1幕フィナーレ
〈恐ろしい鍛冶屋にいるようだ〉

する超絶技巧は、時計屋にある機械仕掛けのようです。打楽器はチリンチリンガチャガチャと賑やかに鳴り、弦楽器は恐ろしい勢いで荒れ狂って、驚きのあまり言葉が出なくなっている哀れな登場人物たちの頭上に打ち下ろされる恐ろしいハンマーと化すのです。

このスコアを魅力的なものにしているのはオーケストラの超絶技巧ですが、それ以上に重要なのは歌手の超絶技巧です。どの役柄にも、高い能力が要求されます。それらの役柄は、最大の効果を上げられるように、そして舞台にいる歌手たちが超絶技巧を発揮して聴衆をびっくり仰天させられるように書かれています。オペラ・ブッファやロッシーニの作品をレパートリーとしている有名な歌手がみな《セビリャの理髪師》を十八番にしていることからも、このオペラの偉大さが理解できるというものです。

《セビリャの理髪師》は、爆笑を約束してくれるオペラです。「みんなが彼を求め、みんなが彼を探す」（第一幕のフィガロのアリア〈私は町の何でも屋〉より）のは、それなりの理由があるのです。

ラ・ボエーム

作曲はジャコモ・プッチーニ。フランスの作家アンリ・ミュルジェの小説（とその戯曲版）『ボヘミアンたちの生活情景』を下敷きに、ジュゼッペ・ジャコーザとルイージ・イッリカが台本を起こしました。

《ラ・ボエーム》は、世界中で頻繁に上演される人気オペラのなかで、もっとも心を揺さぶるオペラのひとつです。愛や若さ、病気、苦悩について、意表をつく率直さと深い感情を伴ってあらゆる人々に語りかけてくるこのオペラは、初演以来普遍的な愛の物語となって、素晴らしいミュージカル『ムーラン・ルージュ』をはじめとする、いくつものリメイクを生み出しています。

このオペラは、パリに住む四人の若き芸術家たちの物語です。彼らは一文無しで、屋根裏部屋に住み、寒さと貧乏に耐えてその日暮らしを余儀なくされていますが、心はインスピレーションや希望、生きる喜びにあふれています。

クリスマス・イヴの夜、詩人のロドルフォは、新聞記事を書き終えるため、友達が去った屋根裏部屋にひとり残ります。ドアをノックする音が聞こえます。音の主は、隣の屋根裏部屋に住むミミでした。彼女は、階段を上る途中でロウソクの炎が消えてしまったので、火を貸してほしいと頼みます。ロドルフォが火をつけてあげたのは、偶然だったのでしょうか？

　こんな風に一目惚れで始まるラブストーリーは、正直、ありふれた話かもしれません。けれど、プッチーニの並外れた音楽は、ニュアンスに富みながらもシンプルな言葉で、貧しい登場人物たちを編み上げています。このオペラは、彼らの日常生活とそれに伴うさまざまな気持ちを語るのです。

　全四幕で構成される《ラ・ボエーム》は、対照的な二つの部分に分けることができます。第一幕と第二幕は、屋根裏部屋とカルチェ・ラタンの通りで繰り広げられるクリスマス・イヴのお祭り騒ぎがメインです。第二幕のカルチェ・ラタンの場面では、ロドルフォの友人で画家のマルチェッロが元恋人のムゼッタとよりを戻したり、一同がレストランの勘定を払わないで逃げてしまったりと、陽気な騒ぎが次々と起こります。

第三幕と第四幕では、雰囲気は一変します。お祭り騒ぎの余韻は消え、幻滅と悲しみだけ

プッチーニ　《ラ・ボエーム》第1幕より
ロドルフォのアリア〈冷たい手〉

が漂っています。ムゼッタとマルチェッロは諍ってばかりです。彼は彼女が男たちに色目を使うのが気に入らず、彼女は彼の病的な嫉妬を嫌がっています。ミミは重い病気にかかっています。ロドルフォはミミをもう愛していないと嘘をつき、彼女と別れようとしますが、本心では、日に日に病状が悪化するミミを、お金がないために寒い屋根裏部屋に住まわせているのが辛いと感じているのです。

しかし非情な運命は、まだ終わりません。別れから時がたっても、恋人の面影はそれぞれの貧乏芸術家から離れず、彼らの仕事は一向にはかどらずにいます。突然、悲劇が屋根裏部屋を訪れます。結核のひどい発作に襲われたミミが、ムゼッタに連れられて現れたのです。哀れな若き芸術家たちは、ミミを救おうとできるかぎりのことを試みます。二人きりになったミミとロドルフォは、悲痛ながらストレートに心を打つ音楽に伴われて、ミミの命の火が消える前に、お互いの愛を確認し合うのです。

悲恋の物語は、トスカーナ出身のマエストロの音楽によって、さらに感動的なものとなりました。プッチーニは、目に見える喜びから始まり、悲哀に満ちた諦念、死を前にした苦しみ、そしてすべての希望が絶たれる幕切れへと至るこの物語に登場する人物ひとりひとりの普遍的な感情を際立たせることにかけて、これまでの作曲家を凌駕しています。《ラ・ボエーム》の歌は、「会話の歌」と呼ばれます。物語の進行や登場人物たちのあいだで交わされるやりとりは、伝統的なオペラのように中断されることがほとんどありません。ロマン派のオペラでは、部分的にはヴェルディからも引き継がれた伝統なのですが、クライマックスは歌手のアリアです。歌手はアリアで登場人物の心境を代弁するので、物語の進行は一時的に中断してしまうのです。

ヴェルディは、アリアにおいて登場人物の感情を赤裸々にえぐり出し、その魂を探求すると同時に、歌手が、効果的な超絶技巧を含めた声の才能を披露できるように配慮しました。プッチーニは、この「閉じた」形式を越えようと試みました。プッチーニが創り出した登場人物たちは、素早く入れ替わる小節と、歌詞では表現できない暗示やニュアンスが巧みにちりばめられた音楽に伴われて、物語が進行する間じゅう語り合っています。たとえば第三幕で、ロドルフォは友人のマルチェッロに、ミミが男に媚びるから腹が立つと打ち明けます。若き詩人は、「ミミは誰にでも色目を使う、ふしだらな女なんだ」と怒ったふりをして叫びますが、台詞《せりふ》とは裏腹に音楽は絶望の色合いを帯びて、真実を伝えています。ロドルフォはミミの命を気遣っているのです。そしてプッチーニは、ほんの数小節でそれを感じさせてくれます。

いくつものテーマが、ひとつの場面に縛られることなく、オペラ全体を通じて交錯したり追いかけっこをしたりして、登場人物の性格や存在の一部になり、彼らをきわめて正確に描き出します。たとえば、第一幕でロドルフォが「このパリの何千という煙突から　灰色の空に煙が上るのが見える」と歌う時のテーマは、オペラの間じゅう彼の自画像となり、彼の登場のテーマとして何度も繰り返し聴かれます。同じように、死の床にあるミミが、ロドルフォと初めて会った時のことを思い出しながら愛する人に向かって歌う〈冷たい手〉の甘いメロディは、情念に満ちた思いがけない次元を開き、万人の涙を誘うのです。

オペラは、苦しみのうちに幕を閉じます。若き芸術家たちの人生は夢のかけらさえ失って、現実の生活の残酷さの前に打ち砕かれてしまいます。オーケストラは夢を死の亡霊へと変え、ミミの最後の歌にまとわりつきます。「みんな行ってしまったの？　寝たふりをしていたの」。ささやくように歌われるこのメロディは、私たちに一瞬、善人の魂は救済されるのではないかという錯覚を起こさせます。けれど次の瞬間、ミミは絶命します。そして私たちは、人生には思いがけないことが起こり、残酷で、私たちを大切に思ってくれる人の心を打ち砕くことができるということを思い知らされるのです。

このオペラの物語は、絶えず変化する人生のステージのメタファーです。ここで描かれるのは、気ままな青春時代から、死や失恋といったドラマによって夢がこなごなになり、泡と消える苦しみを知る段階への変転なのです。

途切れ途切れの弱々しい音符が表現するお針子ミミのあっけない死は、意地悪な運命によって打ち砕かれた夢の普遍的なイメージとして屹立しています。そして、オペラの世界において、もっとも誠実で、共感を呼び、いつまでも記憶に残る人物のひとりであるミミを生み出したのです。

ドン・ジョヴァンニ

作曲はヴォルフガング・アマデウス・モーツァルト。台本はロレンツォ・ダ＝ポンテ。

このオペラに、私はとくに愛着を感じています。というのも《ドン・ジョヴァンニ》は、初めて聴いた時から夢中になった、最初のオペラなのです。伝説的な主人公に起こる恐ろしい出来事に、すっかり魅せられてしまいました。

「諧謔劇（Dramma giocoso）」。ものの本によると、この傑作はそう呼ばれています。確かに《ドン・ジョヴァンニ》は、純粋なオペラ・ブッファと、音楽による悲劇的なドラマの中間に位置している作品です。あいまいさや狡猾さといった音楽の二面性を誰よりも知っていたモーツァルトには、おあつらえ向きの領域です。モーツァルトにとって、人生、つまり芸術は、白黒や善悪や徳のありなしや真面目不真面目というように割り切れるものではありません。モーツァルトの本質は、肯定的な面と否定的な面が入り組んでいるところに、入れ替わりながらも連続するもののなかに、合わせ鏡のなかにひそんでいるのです。

《ドン・ジョヴァンニ》は、伝説的なプレイボーイが繰り広げる愛の駆け引きを追っていく物語です。スペインの若い貴族であるドン・ジョヴァンニは、忠実な下僕のレポレッロを従えて、欲望を満たすことに余念がないのですが、一方で彼を追ってくるドンナ・エルヴィーラから逃げ回っています。エルヴィーラは彼が結婚した唯一の女性ですが、裏切られ、復讐に燃えています。

さらにドン・ジョヴァンニは、その悪逆非道な行いで、騎士長の娘であるドンナ・アンナを怒らせてしまいます。彼はドンナ・アンナと強引に関係を持ち、彼女を棄て、しかも彼女の父親を殺してしまったのです。穢されたドンナ・アンナの婚約者のドン・オッターヴィオも、そして、妻となるはずだったツェルリーナを結婚式の当日にドン・ジョヴァンニに誘惑されたマゼットも、ドン・ジョヴァンニに腹を立てています。

オペラは、喜劇と悲劇の間をさまよいます。悲劇的な要素を体現するのは、ドンナ・アンナの父親である騎士長です。冒頭の数小節に、騎士長が企てる復讐がすでに影を落としています。彼はオペラの幕開けでドン・ジョヴァンニに殺されますが、幕切れで恐ろしい亡霊となって還ってきます。醜悪な生き方を悔い改めるか、それとも地獄の炎で自分の罪を償うか、ドン・ジョヴァンニに選ばせるために。生きることと愛の喜びに耽溺している懲りないろくでなしである「セビリアの色事師」（訳注7）は、ここに至ってロマン派的な英雄へと変貌を遂げます。ドン・ジョヴァンニは、神の前で悔い改めることを拒み、神の慈悲を乞う行為を途方もない傲慢さでせせら笑い、自分自身と自分の欲望に忠実であることを誓うのです。

主人公は地獄の責め苦に突き落とされ、十八世紀の道徳的な正義は成就します。しかし、残された人々が最後に「放蕩者の死は、その生にふさわしいものになる」という道徳的な台詞を歌うのにもかかわらず、その部分の音楽は、ドン・ジョヴァンニの存在が彼らにとっていかに大きかったかを語っています。ドンナ・アンナはドン・オッターヴィオと結婚する気などさらさらなく、女たらしの思い出にとらわれたままです。レポレッロは別の主人を見つけると歌いますが、これまでのようにワクワクした毎日を送ることはないでしょう。ドンナ・エルヴィーラは、二度と戻らない「夫」への愛に身を焦がしながら、修道院に入ります。彼ら全員のなかに、あらゆる既製の枠組みを超えた伝説的な人物の姿が刻み込まれてしまったのです。モーツァルト自身も愛した、奔放さや生きる喜びそのものを歌いあげる声が。

「酒で頭がかっとなるまで、宴の準備を盛り上げよう！」（第一幕のドン・ジョヴァンニのアリア〈シャンパンの歌〉より）。ドン・ジョヴァンニは使用人にそう命じます。悔い改めず、罰を恐れない誘惑者の歌からは、享楽、セックス、どんちゃん騒ぎがほとばしります。音楽は発情期の種馬のように突進し、本能の酩酊のなかに泡立ちます。ドン・ジョヴァンニの本質である、怒り狂ったかと思えば次の瞬間には優しくなったり、冷ややかになったりする、カメレオンのようにくるくる変わる気分を鮮やかに描き出しながら。このペテン師は、有名な二重唱〈お手をどうぞ〉に見られる抗いがたい優美さから、フィナーレの傲慢な厚かましさまで、さまざまな面を見せるのです。

〈お手をどうぞ〉の二重唱で、音楽は初めて自分の喜びだけを追求する人間の偽善を語ります。オーケストラはレポレッロと同様、ドン・ジョヴァンニの手下となります。弦楽器の柔らかな愛撫が、ツェルリーナを誘惑するドン・ジョヴァンニに加担し、彼の熱い欲望にツェルリーナを屈服させようと、おずおずとした歌で惑わすのです。

第二幕でモーツァルトは、共犯者としてマンドリンまで引っ張り出します。高貴な悪人は、なんとドンナ・エルヴィーラの小間使いに向かって、愛のセレナードを歌います。ドン・ジョヴァンニの唇、そしてマンドリンのアルペジオから流れ出す愛は、誠実で永遠なように感じられます。私たちの心は、これまで彼に誘惑されたおびただしい数にのぼる不幸な女性の心と同じように、情熱にとろけてしまうのです。

フィナーレの場面は、あらゆる時代の観客たちの想像をかきたて、そして裏切ってきました。ドン・ジョヴァンニが騎士長の亡霊と対決する時、私たちもまた、モーツァルトの音楽によって逃げ場のない戦いへと追い込まれます。物語が不吉なエピローグへとさしかかった時、オペラの冒頭で聞こえたものの、すぐにのびのびとした軽い雰囲気のなかへと消えてしまった恐怖に満ちた音楽が戻ってきて、その影を落とします。世界の終わりを告げるような強烈な和音が、悲痛な葬送行進曲とともに出現した亡霊と連れ立って、ドン・ジョヴァンニの饗宴をぶち壊しにかかります。天によって定められた永遠の罰として死ぬ運命にあることを知らない者、つまりドン・ジョヴァンニのため

モーツァルト：《ドン・ジョヴァンニ》第1幕より
ドン・ジョヴァンニとツェルリーナの二重唱〈お手をどうぞ〉

の葬送行進曲です。めまぐるしく上下行するヴァイオリンの音階が、オーケストラから立ち上る煙の渦のように広がり、己の運命《さだめ》を知らない主人公の周りに音の流砂地帯を作り上げます。空気はますます切迫し、人間の欲と神の掟との激しいぶつかり合いが、私たちの目の前で繰り広げられます。騎士長は、不穏な空気を背に、ドン・ジョヴァンニから受けた嘲りと、自分の娘、つまりドンナ・アンナが被った侮辱を晴らすために、呆然としている彼に手をさしのべ、夕食に招待します。しかし、ドン・ジョヴァンニがその手を握ると、天罰の冷気が彼の体内に流れ込みます。オーケストラが彼に和音の集中砲火を浴びせ、ドン・ジョヴァンニは息も絶え絶えになってしまいます。

「いやだ！」ドン・ジョヴァンニは懺悔と許しを拒みます。ここでモーツァルトは、ドン・ジョヴァンニの周りに、彼を地底へと引きずり込む地獄の円舞を描き出しました。最後の審判の日のように威圧的に鳴り響くトロンボーンとティンパニ。罪人の体を切り裂くように躍りかかる弦楽器。レポレッロが身の毛もよだつ叫び声を上げ、ドン・ジョヴァンニは地獄へと引きずり込まれます。場面は強烈な二短調の和音でしめくくられますが、それはこの偉大なザルツブルク人がこの少し後に書くことになる、未完の遺作《レクイエム》と同じ調です。それは、オペラ史上もっとも複雑で魅力的な人物のひとりを、無情にも葬った墓が閉じる音なのです。

作曲はジョルジュ・ビゼー。プロスペル・メリメの同名の小説を下敷きに、アンリ・メイヤックとリュドヴィク・アレヴィが台本を起こしました。

《カルメン》、もしくは「音楽による誘惑」。

美しいジプシー女が歌う有名な〈ハバネラ〉のイントロの三つの音符を聴いただけで、私たちはもう誘惑の予感にとらわれてしまいます。《カルメン》は、今時の映画のような情熱的なストーリーを持つオペラで、私たちを策略とアヴァンチュールの世界へと連れて行ってくれます。スペイン軍の将校ドン・ホセが、タバコ工場の女工で、抗しがたい魅力の持ち主であり、ジプシーの血が流れていて、男性を虜にするのが大好きで、でも決して誰にも縛られない美しいカルメンに、悲劇的な恋をする物語です。

《カルメン》の前奏曲は、誰でも知っています。それは誇らしげなファンファーレであり、いかにもスペイン的な色彩の炸裂であり、大音量で鳴り響くシンバルや金管楽器が、闘牛や、勝利のお祭り騒ぎとともにやってくる闘牛士たちの放つきらめきを表現するのです。

この前奏曲は激しいものですが、あっという間に終わってしまいます。曲の最後では弦楽器が絶望的なトレモロを奏で、チェロは緊張と不吉な予感に満ちたフレーズを、悲痛な色合いで歌いあげます。スペインの輝かしい太陽のもと、フラメンコのドレスや扇を染める鮮やかな色彩の背後に、最終幕で爆発する悲劇が潜んでいます。

カルメンの誘惑と愛の言葉に屈したドン・ホセは、軍隊への忠誠を破り、タバコ工場で喧嘩騒ぎを起こしたことで逮捕されたカルメンを逃がします。哀れなホセは、反逆罪に問われてしばらく牢屋で過ごした後、カルメンというこの手に負えない女性が持つ自由な精神に感化され、軍隊に戻らない決心をします。地位も名誉もかなぐり捨て、純情な許婚ミカエラの愛も反故にして、カルメンのそばでアウトローとして生きるために。

しかしカルメンの前に、新たな求愛者が現れます。闘牛士のエスカミーリョです。彼女はためらいなくドン・ホセを棄て、女たらしで有名なエスカミーリョの腕に抱かれてしまいます。カルメンのために、すべてを、家族の愛も大切な地位も捨てたホセは、復讐せずにはいられません。セビリアの闘牛場で、エスカミーリョの勝利に群衆が沸き立っているまさにその時に、闘牛場に面した広場では、恐るべき闘いが起こります。絶望にとらわれつつ、涙を流したり脅し文句を吐いたりしながら、カルメンに最後の愛を乞うドン・ホセ。けんもほろろに拒み、束縛や誓いには我慢できないと言い張って、自由を求めるカルメン。ドン・ホセは短剣を抜き、カルメンを刺します。

このオペラを支配しているのは、「血潮 sangue」です。カルメンの魅惑的な歌に脈打ち、素早く流れるように感じられる血潮。闘牛士の冒険的な人生を賛美する、エスカミーリョの歌の数々が呼び覚ます血潮。打ち棄て、焦がれさせ、翻弄するためだけに私たちを魔法にかける一方で、人生で出会った男たちに、遠ざかりながらも片っ端からふしだらな視線を投げる、そんな「手に負えない小鳥」であるカルメンの心臓から流れ出て、砂に染み込む血潮。

ビゼーのオーケストレーションはよく練られ、効率という観点からもよくできています。オーケストラの編成は決して大規模ではなく、むしろ伝統的なものです。ビゼーは楽器を巧みに用いて、私たちのイマジネーションをかきたてる術を知っていました。いくつかの楽器の音色は、時に主役を演じます。まるでオーケストラ・ピットから誰かが立ち上がってきて、歌手たちを豊かに彩るかのように。

たとえば第一幕と第二幕の間の間奏曲では、独奏フルートのメランコリックな歌、遠い、澄み切った記憶のような甘い旋律が、セビリアのまどろむ空を漂います。第一幕の行進曲では、タンバリンを従えたファゴットが軍隊の足取りを強調し、見張りの兵士たちの隊列が通り過ぎるところを描写するのです。

オーケストラは、軽く晴れやかな部分でも虎視眈々と爪を研いで、私たちが予期していないところで飛びかかるチャンスを狙っています。第四幕冒頭の、ぱっと炎が燃え上がるようなアラゴネーズほどきらめきのあるフレーズは、めったにありません。急上昇したと思ったら、魅惑的なカーブを描きながら、けだるい響きに消えてゆく舞曲。この曲は、宿命のフラメンコに燃えるカルメンの、音楽的な肖像なのです。

オペラ《カルメン》は、フランス人の作曲家の作品なので、フランス語で歌われます（実際は「カルメーン」と発音されるべきかもしれません）。ビゼーは、激しいリズムを効果的に使うことや、ジプシーの雰囲気を漂わせた魅惑的な歌の数々——酒場で踊られる野性的な踊りから山の中の洞窟の前で歌われる愛の歌まで——によって、スペインの音楽のエッセンスそのものを獲得することに成功しています。そんなことができる作曲家は、まれにしかいないのです。

《カルメン》は、危険な物語です。このオペラの異国情緒あふれる数々の場面や、束縛やしきたりから自由なところは、抗いがたい魅力

ビゼー作曲：《カルメン》第2幕のカルメンの歌唱

を持っています。一瞬で観客の心を虜にしてしまうヒロインとの、うっとりするような出逢いがもたらす感情は、私たちを魅了してやみません。

(1) オペラ＝全体が作曲された劇、は十六世紀末のフィレンツェで生まれたが、劇全体を作曲しようという発想は、当時の芸術家たちがめざした古代ギリシャ芸術の復興(＝ルネッサンス)の産物でもあった。古代ギリシャの演劇は、かんたんな節付けをされて朗唱され、その間に合唱などがはさまる形式だったと考えられたのである。それは同時に、音楽とドラマの融合の試みでもあった。

(2) ドラマトゥルギー：原語はDramaturgie(独)。その作品における演劇的な意味での作劇術。演出家は演出する作品を演劇的に分析し、歴史的、文化的な背景をリサーチすることが求められる。

(3) 「神秘的な穴倉」：実際には、ワーグナーが「神秘的な穴倉」と呼んだのは、自分が設計して建設させたバイロイトの祝祭劇場のオーケストラピット。この劇場のピットは、観客を舞台に集中させるために半分以上覆われていて、視覚的にも音響的にも独特な効果を生み出している。

(4) オペラ・ブッファ(喜歌劇)：十八世紀－十九世紀はじめにかけて流行した、コミカルなイタリア・オペラ。「喜歌劇」などと訳される。同時代に題材を取り、アンサンブル(重唱)が重視された。

(5) 飛ばし弓：弦の上で弓を跳ねさせながら演奏する技術。「スピッカート奏法」などと呼ばれる。

(6) オペラ・セリア(正歌劇)：「オペラ・ブッファ」に対立する用語で、オペラ成立以来の伝統的なオペラのジャンルをさす。神話や古代史に題材を取り、歌手が超絶技巧をひけらかすアリアがハイライトに据えられた。感情表現を重視するロマン派が全盛期を迎えると、オペラ・ブッファともどもすたれた。

(7) 「セビリアの色事師」：《ドン・ジョヴァンニ》は、スペインに伝わる伝説的なプレイボーイ、「ドン・ファン」の伝説の流れを汲んでおり、「セビリアの色事師」は「ドン・ファン」の別名である。この伝説は、フランスの作家モリエールの戯曲『ドン・ジュアン』をはじめ、さまざまな芸術家によって作品化されたが、その代表作のひとつであるスペインの僧侶作家ティルソ・デ・モリーナの戯曲は、『セビーリャの色事師と石の招客』と題されている。

第六章　砂漠のオペラ

砂漠の真ん中で　©A.Battistoni

こんな光景、見たことがない！

僕は皆と離れて、赤くて巨大な砂丘の背に立っている。砂丘の側壁に、風が川の流れのような模様を描く。大きな砂時計の真ん中にいるみたいだ。

軽やかで、絶え間のないサラサラという音が流れ込む見えない滝が、大気を支配している。これが砂漠の音というものだろうか……。

よろよろと数歩進む。砂漠は、生きていて、呼吸しているみたいだ。絶景が広がるこの場所は、イタリアの僕の家からあまりにも遠く、あまりにも次元が違う。夕焼け色の砂漠が地平線まで続いているここは、別の惑星のようだ。

目の前の稜線をもうひとつ登り、丘の頂まで行って、パノラマのような光景をもっと見てみたいが、それはなかなか大変だ。足元の砂が崩れる。絡みついてくる砂との戦いだ。

◇　◆　◇　◆　◇　◆　◇　◆　◇　◆

砂漠の背に沿って点線のように残っている自分の足跡を見ようと振り返る。砂の傾斜をよじ登り、その上に立ってみても、目に入る光景は変わらない。今登ってきたよりもさらに高い斜面がそびえ、ひしめき、砂はとめどなく壁を流れて、また新たな壁を作ってゆく。

地平線をオレンジ色に染めながら、夜の帳がゆっくりと降りてくる。すべてがオリエントの色に染まってきらめく。次の斜面へ登ろうとしていた時、仲間のひとりが冗談めかして声をかけてくる。「ほら、こういう風に砂漠で迷子になるんだよ」。オレンジ色の海にさまよう。悪くないかもしれない。これまで体験したことがない大冒険だ……。空気がひんやりする。太陽がストンと沈んだ。ジープに乗って、ホテルに戻る頃合いだ。

あの感覚を忘れることができない。流れる砂に飲み込まれていく足、空に浮かぶ縞模様の雲、何万という砂粒の、果てしのないうごめき……。

音楽が僕をこんなに遠くまで、こんなスペクタクルのような光景を堪能できるところまで運んでくるなんて、考えてもいなかった。昨夜、指揮台に上がって指揮をする時に、心が震えるような気持ちになったことを思い出す。何度も経験していることなのに、昨夜は今まで経験したことがないくらい気持ちが高揚してしまった。ありとあらゆるショーやステージに慣れっこになってしまったこの時代に、観客が衝撃を受けていることをその場の空気ではっきりと感じるのは、そうあることではない。《リゴレット》は、僕たちにはお馴染みだけれど、この地では初演のオペラだった。客席数二〇〇〇の劇場。観客は息を詰め、目をこらし、耳をそばだてて、一瞬の出来事も逃すまいと集中している。全員が、初めて体験するこのオペラで、心の底から感動しようと意気込んでいる。

彼らには先入観がない。無条件に物語に没頭する。年季の入ったファンたちが定着させた決まりごとにとらわれることなく、気に入れば拍手をする。歌手の努力を讃えようとしているし、自分たちの好みに合わなければ、それも正直にあらわすだろう。何しろ彼らは、僕たちとはまったく異なる文化圏の住人なのだ。

ここでは、僕たち全員がパイオニアだ。僕たちが愛し、世界に向かって分け隔てなく語り、誇ることができる芸術の大使なのだ。なぜなら、音楽や演劇は、障壁を取り除き、既成概念の枠を取り払って、恐れや先入観なく心に訴えるために生まれてきたものだから。

人生と同じように、ドラマは予見できない。人々の知性よりも、心に訴えかけなければならない。僕たちが信じ切っていることに疑いを持たせ、僕たちが抱える悪魔に立ち向かう力を与えるものでなければならない。そうして初めて、音楽や演劇はみんなの財産になる。あらゆる予備知識や文化圏や伝統を超えて、誰にでも届くものになる。

砂漠に闇が迫ってくる。海原に揺れる二本マストの小型船のように、砂の稜線をかき分けながらガクンガクンと走っているジープのなかで、こんなことを考えた。

突然、空に閃光が走る。流れ星がスーッと消えていく。アドヴェンチャー映画の一場面のようだ。願いごとは口に出すものではないから、胸のなかで呟く。このような日が、このような経験が何回もありますように！　国境のない音楽が、世界じゅうに届きますように！

イタリアの声

パルマの王立劇場で指揮をするのは、私にとっていつも名誉なことで、大きな喜びです。オーケストラや合唱団と切磋琢磨し、さまざまな経験を積むチャンスでもあるからです。劇場を後にするたびに、ベルカントやジュゼッペ・ヴェルディの音楽に貢献してきた劇場の偉大な伝統を改めて感じながら、自分の音楽的な成長過程において、じっくりと取り組まなければならない新しい課題を手にすることができるのです。

二〇一一年九月にオマーンの首都マスカットに誕生した歌劇場の柿落とし公演のためにサルタンからの招待状が届いた時も、とても幸せでした。はるか遠くの、砂漠の真ん中にある国の観客たちにオペラを届けるのですから。

オマーンで《リゴレット》を上演したことは、私たちみなにとってまたとない経験となりました。劇場建築の技術や、アーティストたちの要望に対する心遣いは素晴らしく、私たちの世話をしてくれたスタッフも完璧でした。けれど、何よりも感激したのは、遠く隔たった、まったく懸け離れた文化圏であるにもかかわらず、私たちと彼らが国境を超えて音楽への愛情を共有し、ひとつになれたことです。

私はマスカットに来てようやく、オペラの慣習や決まりごと、言語そのものにまったく馴染みがない観客のリアクションを肌で感じることができました。私たちの公演を見に来た人たちのほとんどは、この種の出し物を観るのはおそらく初めてだったでしょう。観客がとても興奮したのはもちろんですが、演出の面では、イスラム文化の厳しい戒律に触れるのではないかとハラハラした部分もありました（あくまでも伝統に沿った演出で、スキャンダラスなものではまったくなかったのですが）。たとえばソプラノ歌手とテノール歌手が舞台上でキスした時は、客席から不満げなざわめきが聞こえましたし、マントヴァ公爵が美しいマッダレーナを口説く時や、宮廷の女性たちがデコルテの大きく開いた衣装をつけて登場した時もそうでした。しかし、こういったことは最終的にすべて受け入れられたのです。奇跡のような歌手たちの声、普遍的で心の琴線に触れるストーリー、燃え上がるようにドラマティックな音楽の力は、熱狂的な拍手を呼び起こしました。オペラや音楽は、イタリアが世界に誇れるもっとも素晴らしい使節であるということ、イタリアの声そのものだということが、改めて確認されたのでした。

サルタンの高官たちは、「オペラは海外旅行をした時に何度か見たが、今回の舞台ほど感銘を受けたことはなかった」と、私たちの公演を絶賛しました。彼らがそれほど心を動かされた理由は、イタリア人アーティストのＤＮＡに、歌唱やフレージング、そして言葉を音楽にのせて表現するという遺伝子が、おそらくまだ残っているからだと思うのです。

ここで言うイタリア音楽は、マンドリンを手にやたら大声で歌うイタリア人を皮肉る小話に出てくるようなイタリア音楽のイメージとは、まったく別物です。音楽はイタリアで生まれました。そしてイタリアは、その栄光に満ちた過去において、偉大な作曲家を輩出してきたのです。英語が世界の共通語なら、音楽家の公用語は世界のどこでもイタリア語です。作曲家の意図を理解するためには、イタリア語による音楽用語を知らなければなりません（たとえばこんな言葉はすべてイタリア語です：ピアニッシモ、フォルティッシモ、アダージョ、エスプレッシーヴォ、アッレーグロ、コン・フオーコ）。

音楽はイタリアの素晴らしい遺産であり、私たちは、それにふさわしくあるべきです。トスカニーニのお気に入りの言葉に、このような言葉があります。「楽譜にコン・アモーレ（愛をこめて）と書いてあったら、ぴったりの表現ができるのはイタリアのオーケストラだけだ。ほかの国のオーケストラだったら、みんな既婚者のように弾くだろうよ」

もちろん、トスカニーニの表現は極端なものです。世界中の音楽家が、素晴らしいオペラ上演を実現しようと努力しています。ニューヨークのメトロポリタン歌劇場からウィーンの国立歌劇場まで、一流の歌劇場の公演はその証明です。しかし、イタリア人の心に特別な炎がきらめいているのも事実なのです。私たちは歴史を介して、その炎を共有しています。その炎は、イタリア人をごく自然に音楽へ、イタリア人の感情表現にもっとも向いている第二の言葉へと突き動かすのです。

ですから、オマーンのような、経済力はあるけれど、ヨーロッパとその文化から遠く隔たっている灼熱の砂漠の国で、イタリア・オペラを上演するための劇場が建設されたのは、とても興味深いことです。一方、オペラが生まれた国で、オペラの代名詞的な存在であり、偉大な伝統があるにもかかわらず、イタリアはあまりにもその歴史をないがしろにし、自らの音楽遺産を忘れているのです。

交響曲や演劇、映画、文学と同じように、オペラは単なる暇つぶしではありません。それは、研究し保存する「文化遺産」以上のものです。芸術は、人生を豊かにしてくれます。それは人間が発明し、発展させた共有の財産であり、私たちを知らない世界へ、時代へ、空間へ、自分の内面へ、そして他人の内面へと誘い、心の底からの感動や衝撃をもたらしてくれるのです。

詩人のジョン・ダンが言ったように、人は孤立した島ではなく、他の島々からなる群島に囲まれていて、互いに橋を架け合い、感情と人生を共有することができるのです（訳注）。そして芸術は、そのことに気づかせてくれるのです。

なぜ私たちの国は、音楽という芸術の重要性を理解しようとしないのでしょう？　なぜ偉大な先人たちが創り上げた遺産にふさわしい国になろうとしないのでしょう？

私たちの音楽は、イタリア人であることを心から誇らしく感じさせてくれます。外国にいると、遠く離れているせいで、自分たちの国の貧しくて堕落している面ばかりが目についてしまい、イタリアが抱える多くの矛盾に憤慨して、つい母国をけなしてしまうことがあります。イタリアの再生は、もっと優れた、そして不滅の側面、文化や詩、音楽から始まらなければならないのに！

しばらく前のことですが、サンクトペテルブルグのフィルハーモニーホールで行われた、ジュゼッペ・ヴェルディの作品で構成されたプログラムによる演奏会の後で、感動に酔いしれた観客の拍手を浴びながら、私は自分がイタリア人であることを心から誇らしく感じました。

音楽こそ、イタリアが世界に向かって発することができる素晴らしい「声」です。誇張ではありません。この国を誇らしく思いつつ、その昔、素晴らしい人たちが切り開いてくれたこの道を、胸を張って歩いて行こうと思います。彼らの貢献がなかったら、私たちの人生における感動や喜び、希望が半減してしまうことは、間違いないのですから。

〈訳注〉「人は孤立した島ではない」という言葉は、イギリスの詩人ジョン・ダン（１５７２‐１６３１）の説教集、『瞑想録』の第17番に登場する言葉。ヘミングウェイの名作『誰がために鐘は鳴る』のタイトルは、この『瞑想録』第17から取られている。

「マエストロにライト！」

ヴェローナのアレーナ（古代劇場）の石壁が、湿気でテラテラ光っている。ここでは、突然天井から水滴が落ちてきたり、壁に霜のような膜ができていたりするから、十分に気をつけなければならない。

いつものことだけれど、公演が始まるまで楽屋でじっとしているのは難しい。疑念が頭をもたげてきてしまうからだ。だから、ぶらついているほうがいい。この巨大な円形劇場の舞台袖の裏側には長い通路が走っていて、開演前の緊張を和らげる散歩にはうってつけだ。

楽屋から出るやいなや、激励の声や成功を祈る合言葉「オオカミの口に気をつけて！

「In bocca al lupo!」が降ってくる。期待に輝く顔、ジャンプの練習に精を出すバレリーナ、派手な衣装をはやばやと身につけているエキストラの人たち。おとぎの国のようでもあり、サーカスの舞台裏のようでもある。合唱団のメンバーや歌手たちは、まだジャージ姿なのに、アイラインや口紅やチークをしっかり入れた顔でメイク室から出てくる。衣装係は、最後の調整と緊急の手直しに追われつつ、どこかへ消えたカツラやらきつすぎる靴やらの間を飛び回っている。僕は気晴らしの散歩を続ける。そして中央のアーチ形の梁のところにたどり着く。

ゆっくりとした足取りで柵のなかへ入ると、舞台の裏側が目の前に広がる。古代ローマ時代の円形劇場の石でできた階段席に陣取った観客が見つめている舞台の、すぐ後ろだ。客席を観察している僕の姿は、向こうからは見えない。大きな空間が、しだいに人で埋まっていく。階段席は観光客や音楽ファン、友達、好奇心いっぱいの人たちでごった返している。子供の頃、アレーナは巨大で、夢物語の舞台だった。今、ここ、舞台裏から眺めるアレーナは、ぐっと小さく見える。

子供の頃、舞台は夢そのもの、この世のものではない憧れの場所だった。今、ここからは背景を固定するためのボルトが見えているし、上げ蓋や隠し戸、魔法のように出てくる

◇　◆　◇　◆　◇◆◇◆◇◆

小道具などを観察できる。ここではすべてが人間的で、リアルだ。

緊張してきた。いつもの散歩に戻ろう。スコアのいちばん複雑な部分を、もう一度、頭のなかで反復してみる。

オーケストラの指揮者は、ある種のオーラを備えていなければならない。鼻歌を歌いつつ、時折宙に腕を振り回しながら舞台裏を歩き回る「青い」指揮者の場合はなおさらだ……頼んだ通りに譜面台を下げておいてくれただろうか？　無用の譜面台に、動きを邪魔されたくない。スコアはいつも通り、全部、頭のなかに入っている。本番で唯一頼りになるのは、これだけだ！

スピーカーから最終の案内が流れる。「オーケストラのみなさんは、ピットへお入りください！」

大丈夫、もう準備は万全だ。あと数分で、本番が始まる。

アーティスト専用の入口へ続くステップへと向かう。アレーナの音楽祭の名物である、劇中の人物の扮装をしてオペラの始まりを告げる銅鑼を打ち鳴らす女性と、会釈を交わす。

ステップの下からは、アレーナの翼壁が縦に細く見える。家族といっしょに公演を見に来た、子供の僕が座っていた場所だ。学生なら学割のきく席だが、ワインのグラスやタマリンド風味のグラニータ（かき氷）を手に、オペラ全曲を小声で歌い、どのアリアにも拍手を送る熱烈な愛好家の家族席でもある。

僕はあそこで、いつもオペラグラスを構えながら、ライトが落ちて暗くなるのを待っていた。開演の直前、照明が落ちたアレーナでは、階段席に座った観客たちが手に持つロウソクの明かりだけが浮かび上がる。みながワクワクし、拍手して開演を待っている間、僕は指揮者が登場するやいなや彼を目で追い、一挙手一投足を見逃すまいとした。彼がどういう風に袖口と指揮台を結ぶ通路を下りるのか、オーケストラや観客にどういう風に挨拶するのか、最初のひと振りに集中しながら、どういう風にオーケストラのほうへ向きを変えるのか。

あの階段を下りるのを、何度、夢見たことか……。

今、僕は、あの時眺めていた場所にいる。けれど、不安と期待が入り混じった気持ちは変わらない。僕はここまで来た。そして、夢を決して諦めず、あの手この手を使って試練を乗り越えさせようと背中を押し続けてくれたあの子供に、ひそかに感謝する。

階段を登り切ると通路があり、袖口を出たすぐのところに、スタッフと舞台監督たちが座っている。インカムに声が響く。「客電ハーフ！」。たちまち照明が暗くなり、オーケス

◇　◆　◇　◆◇◆◇◆◇◆

トラがチューニングを始める。

聴きなれた音が、僕を少し落ち着かせてくれる。が、今回は違う。僕は今、僕の子供時代の劇場にいる。僕の夢の劇場に……。

「暗転！」

オーケストラが静まる。照明は完全に落とされ、観客はロウソクの明かりにうっとりとしている。客席の上のほうで、オペラグラスを握りしめて指揮者の登場を待ち構えているあの子供に、心のなかで挨拶する。

一瞬で、これが僕の人生だと理解する。自分の居場所は、ここだけだと。そして、一度観客に背を向けたら、いつものように、もう音楽とオーケストラの音に夢中になっているだろうと。

指揮台に、早く上がりたくてたまらない。この一万人の人々に、音楽を届けるのが待ち遠しい。

「マエストロにライト！」。

階段を、一段飛ばしで駆け上がる。ライトが顔に当たる。通路を下りる。二万の手が拍手する。胸が高鳴る……。さあ音楽だ。ひたすら音楽だ。

東京フィルハーモニー交響楽団と　©Takafumi Ueno

冗談まじりの音楽小辞典

アマデウス　Amadeus

偉大なモーツァルトのミドルネーム。その生涯を扱った映画のなかでは、際立って素晴らしい作品のタイトルにもなっています。ミロシュ・フォアマン監督による映画『アマデウス』は、音楽史において重要で熱狂的だった、あの時代の精神をうまく表現しています。もちろん、親愛なるヴォルフガングは、この映画で描かれたほど変人だったわけではありません。ただ、これだけは言っておかなければならないでしょう。サリエリが、嫉妬にかられてモーツァルトを殺したというのは間違いです。サリエリは、モーツァルトなど眼中にありませんでした！　彼はウィーンのスターで、哀れなモーツァルトを妬む理由など何一つなかったのですから。それでも『アマデウス』は、モーツァルトの音楽をよく知らない人にとっては、おいしいところをつまみ食いできるので一見の価値があります。

拍手　Applausi

百年前まで、聴衆は、好きな時に好きなように、自分の感動を表現することができました。当然です！　交響曲の楽章の合間で自然に起こる拍手を止めようとする人など、いませんでした。そればかりか、メロディや音楽的な思いつきがとびきりいいと思えば、曲の途中でもジャズのように立ち上がって喝采していたのです！　今日ではおかしなことに、コンサートマナーの原理主義者たちが、拍手をするのは曲が終わった時だけだと主張しています。でもアーティストにとっては、聴衆が喜びを率直に告白してくれることはいつでも嬉しいものです。だから、気に入ったら、邪魔が入ることなど気にしないで、その気持ちを素直に表現してください。曲が最弱音で終わります。緊張感に満ちた静寂のなかに余韻が溶け込んでいく、魔法のような瞬間です。その時、すぐさま拍手の音で邪魔するのは、実はこの手の原理主義者たちです。彼らは、これで曲が終わりだと自分が知っていることを自慢したいのです。こんな無神経な拍手こそ、やめてほしいのですが！

ハーモニー（和声） Armonia

メロディ、リズムとならんで、西洋音楽を構成する基本的な要素のひとつ。異なった音を重ねて、楽曲に緊張や緩和を与える協和音、および不協和音を組み立てる技術をさします。

ベルカント Belcanto

イタリア生まれの用語で、十七世紀から十九世紀にかけて頂点を迎えたある特定の声楽書法のこと。ベルカント書法では、声の色合いや超絶技巧といった人間の声のクオリティが何よりも優先されます。いわゆるベルカント・オペラでは、実在しない過去の歴史的な人物を衣装をつけて演じる歌手が、トリルや変奏やカデンツァや最高音や、息の上に乗せた声やアジリタをひけらかすために、物語の展開がしょっちゅう止まってしまう光景を目撃することになります。このジャンルの熱狂的なファンは、決まって、昔のほうが素晴らしい歌手がいたと言うのですが。

「ブラヴォー！」 Bravo!

一般的に、オペラやコンサートで、キャストや奏者、演出に興奮した聴衆が叫ぶ、インターナショナルな賞賛の言葉。イタリア以外の国では、この言葉の複数形（ブラーヴィ）や女性形（ブラーヴァ）が知られていないため、合唱にも女性歌手にも「ブラヴォー！」が叫ばれるのは興味深いことです……。

キャンディ Caramelle

もしコンサートにキャンディを持参するなら、ぜひ包み紙をはがしてきてください！　ホールの静けさや、永遠に続くかのようなピアニッシモのなかで包み紙を剥く音を立てるのは、お葬式で笑い声を立てるようなものですから！

携帯電話 Cellulare

「キャンディ」の項からも連想していただけるでしょうが、携帯電話をコンサートホールに持参するなら、少なくともマナーモードにしておきましょう。携帯電話の着信音の威力は、キャンディの包み紙を剥く音の十倍です。モーツァルトの《レクイエム》の最後や、マーラーの《第九交響曲》のフィナーレのような部分で着信音が鳴り、しかもそれが〈ラ・クカラーチャ〉みたいな曲だったら、ホワイエで鞭打ちの刑にされても仕方がありません。

コンサート Concerto

聴衆に対して行われる、一台またはそれ以上の楽器による音楽イベントの総称。語源は不明ですが、一説によれば「いっしょに束ねる」という意味のラテン語 conserere からきているといいます。

コンチェルト（協奏曲） Concerto

一台かそれ以上の独奏楽器と、それを伴奏するオーケストラのために書かれた楽曲（チャイコフスキーの《ヴァイオリン協奏曲》や、ベートーヴェンの《ヴァイオリン、チェロ、ピアノのための三重協奏曲》などが好例です）。語源は不明ですが、一説によれば「闘う、敵対し合う」という意味のラテン語 concertare からきているといいます。

作曲家 Compositore

音楽作品の作者。一般的には埋葬されて初めて神聖化され、名声を得ます。生前は世間から孤立し、嫌われたりしていたのに、没後は革新と霊感に満ちたレジェンドになることもあります。理解されない作曲家がみなそうだというわけではありませんが、彼らの自己評価に何かしら問題が出てくることは間違いないでしょう。

オーケストラの指揮者 Direttore d'orchestra

あまり好きになれない用語。「指揮者 direttore」という言葉には、離れたところから道順を指示している人物のような印象があるからです。私には、「コンダクター」という英語の単語のほうがしっくりきます。試行錯誤しながらも、ある方向へ導いていこうとしている人物のように感じられるからです。

ディーヴァ Diva

ソプラノと同義。

ハイC Do di petto

もし、テノール歌手がパンパンに膨れ上がり、寄り目になって、天に向けて剣を振り上げ、顔を赤信号のように真っ赤にして、胸を突き出し、首がコリント風の柱のように太くなっていたら、「ハイC」を出しているところかもしれません。テノール歌手に血栓ができないように、作曲家がこの「C」の音をスコアに書いていない場合でも、多くのテノールはやっぱり「ハイC」を歌ってしまうのです……。熱狂的な拍手を送りましょう。そうすれば、テノール歌手は喜ぶでしょうから！

フルートとその仲間たち Flauto & Co.

おさらいしておきましょう。ほんもののフルートは横笛で、中学校でピーピー鳴らしたリコーダーのことではありません。オーボエは、オーケストラのチューニングで「ラ」の音を出す楽器で、鋭い音色を持ち、黒い胴体に銀色のキイがついています。クラリネットはオーボエに似ていますが、音色はまったく違っていて、ビロードのように柔らかい音がします。ジャズでもよく演奏される楽器です。ファゴットは長～い楽器で、おどけた音がします。くれぐれも、木管楽器奏者たちの前で彼らの楽器を間違えないようにしましょう！　さもないと……（フルートを軍楽用の「小笛」と呼んだりしたらアウトです！）。

リコーダー（中学校の笛） Flauto (delle medie)

ホラー。プラスチック製で、いろいろな色のものがあり、音楽への小さな最初の一歩を妨げるように作られています。心配ご無用！　あなたたちが悪いわけではありません。しかるべき音が出ないのは笛のせいです！　こんな笛を吹かせる代わりに、音楽史をちょっと学ばせてくれたり、ほんものの傑作を聴かせてくれたりすれば、イタリアはもう少しましな国になると思うのですが。

燕尾服 Frac

過去の流行。今では燕尾服を身につけるのは三種類の人間だけです。手品師とノーベル賞受賞者とクラシック音楽の演奏家。しっぽのあるあのジャケットには、確かに時代を問わない魅力があります。私は着ませんが……。

ラ音 La

コンサートの開演前、沈黙を破ってオーボエが

「ラ」の鋭い音を出すと、オーケストラのすべての楽器はそれにピッチを合わせ始めます。「始めよう！」という合図です。このラ音をもとに、すべての楽器が音程を確認し合うのです。ラ音のピッチは、一般的には四四〇ヘルツから四四三ヘルツの間に設定されています。

台本作者 Librettista

オペラの歌詞を、韻律学に従って書く人間のこと。有名なポップス歌手バッティスティと詩人モゴールのペア（訳注）のように、音楽史には言葉と音符、それぞれの優れたアーティストによる傑出したペアが幾組か存在します。ダ＝ポンテとモーツァルト、ボーイトとヴェルディ、ホーフマンスタールとリヒャルト・シュトラウス……なんらかの理由があってのことですが、オペラの場合、作者といえばいつも作曲家をさします。モーツァルトの《ドン・ジョヴァンニ》、ヴェルディの《ファルスタッフ》、シュトラウスの《ばらの騎士》……。台本作者には、諦めてもらうしかないようです。

天井桟敷 Loggione

劇場のてっぺんにある、イタリア人音楽マニアの隠れ家。彼らはここに陣取って、あらゆる抵抗を試みます。けれど彼らは、オペラや歌の芸術に対する限りない情熱の最後の砦でもあるのです……。どんな演奏家でも、彼らについて尋ねられれば、こうしたあたりさわりのない答えを返すでしょう。けれどプライベートで尋ねてみれば、答えはやや違ってくるかもしれません……。

マエストロ Maestro

マナーに応じて使われる、作曲家やオーケストラの指揮者に対する芸術界での敬称。一方、あらゆるプロの演奏家には、「プロフェッサー」という肩書きがふさわしいとされます。すべての音楽家を名前で呼ぶことにすればいいのに。

指揮者 Maestro Concertatore

「コンサートのマエストロ maestro concertatore そしてオーケストラの指揮者 direttore d'orchestra」。コンサートのポスターやコンサートホールで配られるプログラムには、しばしばこのような表現が見られます。以前は、この二つの言葉は別々の人間を指していました。「コンチェルタトーレ」は、オーケストラ内の経験豊かなメンバーで、音楽家たちの練習を手伝い、下振りをしました（まさに「力を合わせる concertare」という言葉にふさわしい仕事を担っていたのです）。一方「ディレットーレ」は、演奏会を仕切っていました。その後、この二人の仕事は、指揮者一人にまとめられました。というのも、二人の異なる音楽家がひとつのオーケストラに関わる場合、甚だしい解釈の相違が生じかねないからです。

メロディ（旋律） Melodia

リズム、ハーモニーとならんで、西洋音楽を構築する基本的な要素のひとつ。音楽の横の輪郭線を際立たせるもので、その曲の重要な流れであり、聴き取りやすく、スコアを読み解くガイドのような役割を果たします。

メトロノーム Metronomo

一八一六年にメルツェルが特許を取った機械。メルツェルは、ベートーヴェンの飲み仲間でした。この機械は、すべての音楽学生にとっての敵です。その仮借ないまでに正確な打音で、不幸な人間に一定のテンポの演奏を課すのです。テクニックの進歩のためには最適の機械でしょう。作曲家が、自分の作品が演奏される時の理想のテンポを、メトロノームのテンポとして楽譜に指示していることもあります。けれど、あっさり無視されることもしょっちゅうです。

序曲 Ouverture

オペラが始まる前に、作曲家がそのオペラの主要なテーマを予告する曲。有名なものは、独立した曲としてコンサートでもよく演奏されます（イタリアでは一般的に「シンフォニア sinfonia」あるいは「プレリュード preludo」と呼ばれています）。

スコアとその仲間たち Partitura & Co.

スコアは、オーケストラ指揮者の切っても切れないパートナーです。スコアはオーケストラの楽器のすべてのメロディラインの全体図であり、そのラインは、作曲家が私たちに残した、あらゆる種類の指示によって関連づけられています（テンポ、色彩、デュナーミク、詩的な暗示など）。「パート譜」は、オーケストラの奏者、あるいは独立した楽器奏者のためのもので、彼らはそれを譜面台に置き、自分たちがどこで曲に入っていくかを知ります。「ヴォーカルスコア」は、オペラや声楽つきの作品のスコアを、声楽とピアノ用に編曲したものです。

指揮台 Podio

高さのある小ぶりの台座で、オーケストラの指揮者を奏者全員から見えるようにするもの。指揮者として歩み始める人間の多くが駆られる自己重要感は、この台にちなんで「一メートル四方シンドローム」と呼ばれています。

リズム Ritmo

メロディ、ハーモニーとならんで、ヨーロッパ音楽を構成する基本的な要素のひとつ。異なる長さの音符が交互に出てくることにより、一定の（たとえば行進曲のリズム）、あるいは変化に富んだ（たとえば気まぐれで変わりやすいリズムを持つストラヴィンスキーの音楽）リズムの枠組みが生まれ、音楽の時間軸が決定されるのです。

交響曲　Sinfonia

オーケストラ用のソナタ。それ以上でも以下でもありません。楽しんで！

ソナタ　Sonata

十八世紀に流行り始めた音楽形式。ソナタ形式で書かれた作品は、修辞学の図式に従い、二つのテーマの提示と展開で構成されています。「提示部」では、二つのテーマが示されます。二つのテーマはいわゆる「展開部」で発展し、組み合わさり、変化し、分解されます。「再現部」では、二つのテーマが元の形で再現されます。最後の「コーダ」で、作品は効果的にしめくくられます。

クラシック音楽の大半は、この形式に基づいて書かれています。「ソナタ」という単語は、のちに作品そのものを指すようになりますが、そのような作品は、いくつかの楽章（ふつうは四つの楽章）に分かれていて、それぞれの目的と互いの性格の違いを際立たせています。第一楽章は作曲家の腕の見せどころで、とても念入りに作られました。第二楽章は叙情的な曲想で、夢想的だったり瞑想的だったりします。第三楽章では雰囲気は一変して、テンポが速くなります。メヌエットのような舞曲か、音楽によるスケルツォ（冗談）になるケースが大半です。第四楽章はふつう技巧的で、壮大に曲を閉じます。つまり、グランド・フィナーレです。

緞帳　Sipario

開けば、そこは魔法の入り口。魅力的なオペラの世界が見えてきます。フィクションの世界と私たちの世界とを隔てる、永遠の魅力を湛えた可動式の壁。

スパッラ（肩）Spalla

オーケストラのコンサートマスターを指す用語（「肩越しの第一ヴァイオリン奏者」と呼ばれているので）。オーケストラ内の多大な責任を負い、楽器奏者たちのスポークスマンになり、指揮者の正真正銘のアシスタント、つまりパートナーの役割をつとめます。コンサートマスターは指揮者と討論を重ねて、演奏する音楽の解釈を共有していきます。

太鼓（打楽器）とその仲間たち Tamburi & Co.

生まれ変わったら、優秀な打楽器奏者になりたいものです。一度でいいから、オーケストラの一番高いところに座り、大きなバチで、皮革で蓋がされている大鍋のような楽器を叩く人になってみたいのです。その人が叩いているのは、大太鼓ではなくてティンパニ！　小太鼓はドラムやミリタリーバンドで使われる小さい太鼓で、ニューイヤーコンサートの定番である〈ラデツキー行進曲〉の冒頭で演奏される、木製の長いバチで叩く楽器です。打楽器奏者たちがいるところで、彼らの楽器を間違えないようにしましょう！　さもないと……。

タイトル Titoli

一般的に、楽曲をより巧妙に仕立てあげるために与えられるもので、音楽出版社の大発明。センセーショナルなタイトルは、聴衆を煽ります。スクリャービンの《ソナタ嬰ト短調》と、ベートーヴェンの《春》を比べてみると？　ブラームスの《交響曲ヘ短調》と、マーラーの《巨人》を比べてみると？　すべてはマーケティングの賜物です！　作曲家はタイトルに対して無頓着ですが、それは間違っています。

咳 Tosse

音楽のミステリー。コンサートホールや劇場で、聴衆の原因不明の咳払いとなって現れるアレルギー反応。ひょっとしてホールに積もっているいにしえの埃には、謎のウィルスがひそんでいるのかしら？

最悪のタイミングや、交響曲の楽章間で、こちらが心配になるほど聴衆が咳き込む原因は本当に謎です。けれど、こう仮定してみましょう。音楽によって、あまりにも大きなジレンマや悲劇、言葉にできない感動に襲われると、知らない間にとても混乱し、神秘的な世界へ迷い込んでしまうので、あえて自分の体に意識を向けなければならなくなると。自分自身に、まだ生きている、息をしてみよう、咳ができると言い聞かせる必要があると。哲学的すぎるでしょうか？

〈訳注〉イタリアン・ポップスの元祖的存在とされるシンガーソングライター（イタリア語で「カンタトゥーレ」）のルーチョ・バッティスティと、作詞家のモゴールのコンビ。一九六〇年代後半から七〇年代にかけてヒット曲を連発した。

ヴァイオリンとその仲間たち Violino & Co.

はっきりさせておきましょう。「ヴァイオリン」は小さくて、高音も含めてたくさんの音を奏でる楽器。「ヴィオラ」は太ったヴァイオリンで、くすんだ音がします。「チェロ」は座って演奏される大きなやつで、おばあちゃんたちは人間の声に似ていると言います。「コントラバス」は一番大きく、立って演奏されるもので、陰気で威嚇的な音がします。ジャズのベース奏者は、コントラバスをピッツィカートで演奏します。弦楽器奏者たちがいるところで、彼らの楽器を間違えないようにしましょう！さもないと……。

監訳者あとがき

本書は、イタリア人若手指揮者アンドレア・バッティストーニ Andrea Battistoni の初めての著書『Non è musica per vecchi（「シニアのための音楽じゃない」の意。邦訳にあたりタイトルを改めた）』(Rizzoli 2012) の全訳である。一九八七年、北イタリアのヴェローナに生まれたバッティストーニは、今年三十歳の若さで、これからのクラシック音楽界を牽引するひとりと目されている俊英である。

バッティストーニとの出会いは忘れられない。二〇一〇年秋、ヴェルディの故郷の田舎町ブッセートにある小劇場、その名も「ヴェルディ劇場」で、彼が指揮するヴェルディのオペラ《アッティラ》を聴いたのだ。指揮がバッティストーニだとわかっていて聴きに行ったわけではなく、パルマを中心に毎年秋に開催されている「ヴェルディ・フェスティバル」の一環として行われた公演を聴きに行っただけで、もちろん彼の名前も知らなかった。開演前に流れてきた情報は、とても若い指揮者で（彼はこのとき二十三歳だった）、とてもいいらしい、という程度だったのだが。

筆者は天井桟敷にいた。開演前に劇場近くの生ハム屋で、名物の生ハムと地酒のランブルスコで夕食をとり、上機嫌になっていた。けれど、オペラが進むにつれて心身が高揚していったのは、酔いのせいではない。颯爽としていて情熱的、音楽を引っ張る推進力があり、出てくる音が美しく、柔軟で、バランス感覚という知性も備えた指揮の見事さに、どんどん引き込まれていったからだ。開演前、天井桟敷を埋めた地元の熱心なファンたちの間に漂っていた好奇心混じりの空気が、やはりオペラの進行とともにバターが溶けるようにじわじわと熱していったのを目の当たりにした衝撃は、今でもありありとよみがえる。歌手たちも熱演だったが、カーテンコールでの拍手はバッティストーニが一番多かった（この時の《アッティラ》については、ちょうど本書の「前奏曲」で言及されている）。この時の好演がきっかけになって、バッティストーニはパルマ王立劇場の首席客演指揮者というポストを射止めた（二〇一二－一二年シーズン。第六章で述べられているオマーン行きは、パルマ王立歌劇場とのツアーだった）。

翌二〇一一年秋、筆者はパルマで、《ファルスタッフ》の公演を控えたバッティストーニにインタビューすることができた。二〇一二年の一月に、彼が東京二期会の主催公演《ナブッコ》で日本にデビューすることになったので、二期会の依頼でパルマまでインタビューに出かけたのである。目の前に現れたのは、二十四歳の、感じのいい、そして落ち着いた空気を持った知的な若者だった。何より驚いたのは、質問に対する答えが的確で、内容が豊かで、整理整頓が行き届いていることだった。言い淀むことがまったくなく、豊富なボキャブラリーで文章が紡がれてゆく。この青年は、音楽だけでなく、言葉でもひとを引き込む力を持っていると思わされた体験だった。

この時聴いた《ファルスタッフ》は、若さゆえの才気走ったところはあったものの、あのカルロス・クライバーもかくやと思わせる颯爽とした指揮に、やはり引き込まれた。途方もない才能だと思ったことは確かである（ちなみにこの二公演はDVDになっている）。

翌二〇一二年の日本デビューは、今でも語り草となっている鮮烈なものだった。スケールが大きく、情熱的で、美しい「音」にあふれ、何よりドラマに共感して心を揺さぶる音楽。客席は完全に持って行かれ、バッティストーニの名前はひとりひとりの脳裏に刻み込まれた。以後彼は定期的に日本を訪れ、オペラ、コンサートの両方で精力的に活躍している。二期会公演《リゴレット》《イル・トロヴァトーレ》などのオペラで好評を博する一方、二〇一三年の五月にはレスピーギ《ローマ三部作》で、《ナブッコ》で共演した東京フィルハーモニー交響楽団の定期演奏会にデビュー。これがまた、目のさめるような名演だった。色彩豊かな音画的作品として人気の高い《ローマ三部作》だが、音響効果に頼って表面的になりがちな演奏も少なくない中、バッティストーニは音楽の空気感と生命力を完全に自分のものにしていた。時空を超えて「ローマ」を旅してきた、聴き終えた時心底そんな気持ちになった《ローマ三部作》は、後にも先にもない。この時の公演は、彼の記念すべき初ディスクとして、日本コロムビアから発売されている。

バッティストーニと東京フィルはこの後も共演を重ね、彼は二〇一五年春に同楽団の首席客演指揮者に、そして二〇一六年の秋には二十九歳の若さで首席指揮者に就任した。コンサートではベートーヴェンからチャイコフスキー、イタリア近現代がレパートリーの中心になっているが、二〇一七年五月に予定されている首席指揮者就任最初のシーズンのオープニング公演では、本書にも登場する《春の祭典》がプログラミングされている。東京フィルとはコンサート形式のオペラにも取り組んでおり、これまでに《トゥーランドット》《イリス》を上演して絶賛された。二〇一七年九月には《オテッロ》が予定されている。トークも得意で、コンサートのプレトークや講演会にも積極的に取り組み、好評を博しているし、「題名のない音楽会」「ららら♪クラシック」といったテレビ番組にも登場するなど、メディアでも引っ張りだこだ。

もちろんバッティストーニは、国際舞台でも順調に羽ばたいている。史上最年少の二十四歳でスカラ座にデビューしたのをはじめ、イタリア国内の主要な歌劇場やオーケストラに出演を重ねており、国外でも、ベルリン・ドイツ・オペラ、バイエルン国立歌劇場、マリインスキー・オペラ、イスラエル・フィルなど各国の名門を指揮している。地元のヴェローナでとても愛されており、この街のシンボルである古代劇場を使ったオペラ・フェスティバルでは中心的存在として活躍していることも特筆すべきだろう。歌劇場のポストとしては、前述のパルマ王立劇場を経て、二〇一四年からジェノヴァのカルロ・フェリーチェ歌劇場の首席客演指揮者を務めている。作曲活動にも熱心で、劇音楽、オーケストラ曲、室内楽、ソロ作品まで、幅広いジャンルの作品を発表している。クラシック音楽の魅力を伝える活動にも熱心で、地元の音楽仲間と「Bサイド・トリオ」というグループを結成し、映像やジョークを交えながらクラシック音楽の魅力を伝える肩の凝らないコンサートで、人気を博してもいる。

この活動に見られるように、バッティストーニはジャンルを飛び越える柔軟性を持っている。本書の「前奏曲」でも語られている通り、ハードロックやポップスも大好きな彼は、ブライアン・メイ、ジェフ・ミルズといった他分野とのアーティストとも共演し、「クラシック」の境界を乗り越える可能性を、さまざまな角度から追求している。本書の出版もその一例だ。

実際、彼の演奏は、とても「わかりやすい」。美しく、絵画的で、メリハリがあって、リズムが生き生きしていて、劇的だ。クラシック音楽になじみのない聴衆にもアピールできる、聴きやすい音楽作りだと思う。とはいえ、いわゆる「通」をも納得させるだけの構成力や知性も備えているのがバッティストーニの凄いところだ（インタビューのたびに感じるのだが、彼はとても勉強家だ）。つまりきわめて「間口が広い」指揮者なのである。これからの時代、バッティストーニのような才能は大いに必要とされるにちがいないと、筆者は感じている。

本書と出会ったのは二〇一三年の春。ミラノ郊外のコモの劇場に出ていたバッティストーニにインタビューに行った帰りにミラノの書店で見つけ、（本が出たことを聞いていたこともあって）迷わず手に取った。正直、とても読みやすいというわけではなかったが、何より全体にあふれる「クラシック音楽」への情熱に打たれた。その後翻訳の話が決まり、イタリア語の専門家で、音楽書も訳されている入江珠代さんのお力添えをいただけることになった。入江さんは自身でもチェロを弾かれることもあり、同じチェロ弾き出身のバッティストーニとはすぐ打ち解け、打ち合わせをかねた何度かの会食の席でも時間を忘れて大いに盛り上がった。筆者の力不足を徹底的に補っていただき、入江さんにはほんとうに感謝の言葉もない。彼女もまた、バッティストーニの将来に期待し、世界中のオーケストラで、世界中のホールで、彼の指揮によって名曲の数々があざやかに蘇ることを心に描いているひとりである。

本書の各章は、著者の個人的な音楽との接触を描く導入部と、オーケストラ作品、作曲家、指揮者、オペラなどについて彼ならではの解釈を繰り広げる、より客観的な主部によって構成されている。原書では導入部と主部の字体を変えているが、当訳では導入部を「である調」、主部を「ですます調」で書き分け、文字の雰囲気も変えることで、両者の違いを際立たせてみた。主部では、クラシック音楽入門のような形で、名曲の解説やオーケストラ、指揮者、作曲家、オペラなどについて語られているが、紹介されている楽曲の一部が聴けるQRコードがついているので、ぜひ活用していただきたい。最終章の第6章では、自国イタリアの音楽を介して世界へ羽ばたく若い音楽家の感動が素直に綴られていて、快い感銘を受ける。

一方、導入部は、著者のちょっとした自伝としても読むことができる。とりわけ、バッティストーニが《悲愴》交響曲の第一楽章を指揮している最中の心境や動作を綴った第二章の導入部は、指揮者の仕事を理解する上で大変参考になるのではないだろうか。「後奏曲」で描かれるヴェローナ音楽祭の舞台裏の情景も、地元出身の彼ならではの視点だ。子供の頃、会場の一角で胸を躍らせながら指揮者を眺めていたバッティストーニは、今やその夢の舞台のもっとも重要な主役となっている。

「導入部」では、非常に個人的な気持ちの吐露やシチュエーションが描かれているので、訳にあたっては、日本の読者に分かり易いよう、本人の了解を取り、意訳させていただいたところもあることを付け加えておきたい。

最後につけられた「音楽小辞典」は、バッティストーニのユーモラスで知的な一面を味わえる楽しいページである。クラシックに馴染みのあまりない若い方々でも、楽しめるのではないだろうか。それこそ、バッティストーニの願うところである。

本訳書の刊行にあたっては、多くの方のお力添えをいただいた。とりわけ、刊行を快く引き受けてくださり、種々のアドヴァイスをいただいた音楽之友社の塚谷夏生氏には心から感謝している。

そして誰より、何度も打ち合わせに付き合ってくれ、どんな疑問にも快く答えてくれた著者のバッティストーニに、お礼の気持ちを伝えたい。この本が日本で、彼が望むように、幅広い読者にクラシック音楽の魅力を伝える役割を果たすことがかなうなら、これにまさる喜びはない。

二〇一七年春

加藤浩子

2011年秋、はじめてパルマでインタビューした時のバッティストーニ。日本でのデビューとなった二期会公演《ナブッコ》のちらしを手に ⓒ 加藤浩子

著者紹介

アンドレア・バッティストーニ Andrea Battistoni

世界中で熱い視線を浴びている若手指揮者の逸材。1987年ヴェローナ生まれ、7歳でチェロを始め、地元の音楽院でディプロマを獲得。さらに作曲、指揮を学ぶ。2008年に指揮者デビュー、以後順調にキャリアを重ね、史上最年少の24歳でスカラ座にデビューしたのをはじめ、ベルリン・ドイツ・オペラ、バイエルン国立歌劇場、イスラエル・フィルなど国際的に活躍の幅を広げている。日本には2012年、二期会公演《ナブッコ》でデビューして絶賛され、以後たびたび来日、現在は東京フィルハーモニー交響楽団の首席指揮者を務める。イタリアではパルマ王立歌劇場の首席客演指揮者を経て、現在ジェノヴァ、カルロ・フェリーチェ歌劇場の首席客演指揮者。日本コロムビアよりCD を多数リリース。作曲家としても精力的に活動している。

公式ホームページ http://www.andreabattistoni

訳者紹介

加藤浩子（かとう ひろこ） 音楽物書き。慶應義塾大学講師。慶應義塾大学大学院修了（音楽学専攻）。在学中、インスブルック大学留学。執筆、講演、オペラ&音楽ツアーの企画同行など多彩に活動。著書に『今夜はオペラ!』『ようこそオペラ!』、『黄金の翼=ジュゼッペ・ヴェルディ』、『人生の午後に生きがいを奏でる家』、『さわりで覚えるオペラの名曲20選』『さわりで覚えるバッハの名曲25選』『バッハへの旅』『ヴェルディ』『オペラでわかるヨーロッパ史』他多数。最新刊は『音楽で楽しむ名画』（平凡社新書）。

公式 HP http://www.casa-hiroko.com/

ブログ「加藤浩子の美しき人生 la bella vita」http://plaza.rakuten.co.jp/casahiroko/

入江珠代（いりえたまよ） 成城大学法学部卒業。小さいころにピアノ、声楽、中学校でクラリネット、大学からチェロと、手あたり次第にやってみる。オペラの世界に憧れたわけでもないが、7年のOL 生活を経験したのち、イタリアへ語学留学。帰国後は、通訳･翻訳に携わり、NHK テレビ･ラジオで講師を務める。交響曲はベートーヴェン、オペラはヴェルディ、ワインはプリミティーヴォがお気に入り。

マエストロ・バッティストーニの
ぼくたちのクラシック音楽《おんがく》

2017年5月5日　第1刷発行

著者　アンドレア・バッティストーニ
監訳者　加藤浩子《かとうひろこ》
訳者　入江珠代《いりえたまよ》
発行者　堀内久美雄
発行所　株式会社 音楽之友社
〒162-8716 東京都新宿区神楽坂6-30
電話 03（3235）2111㈹
振替 00170-4-196250
http://www.ongakunotomo.co.jp/

印刷：星野精版印刷
製本：ブロケード
組版・装丁：佐藤朝洋（サトウデザイン室）
カバー写真：上野隆文
協力：東京フィルハーモニー交響楽団

落丁本・乱丁本はお取り替えいたします。

ISBN978-4-276-20382-2 C1073
本書の全部または一部のコピー、スキャン、デジタル化等の無断複製は著作権法上での例外を除き禁じられています。また、購入者以外の代行業者等、第三者による本書のスキャンやデジタル化は、たとえ個人や家庭内での利用であっても著作権法上認められておりません。
Japanese translation ©2017 by Hiroko Kato, Tamayo Irie
Printed in Japan